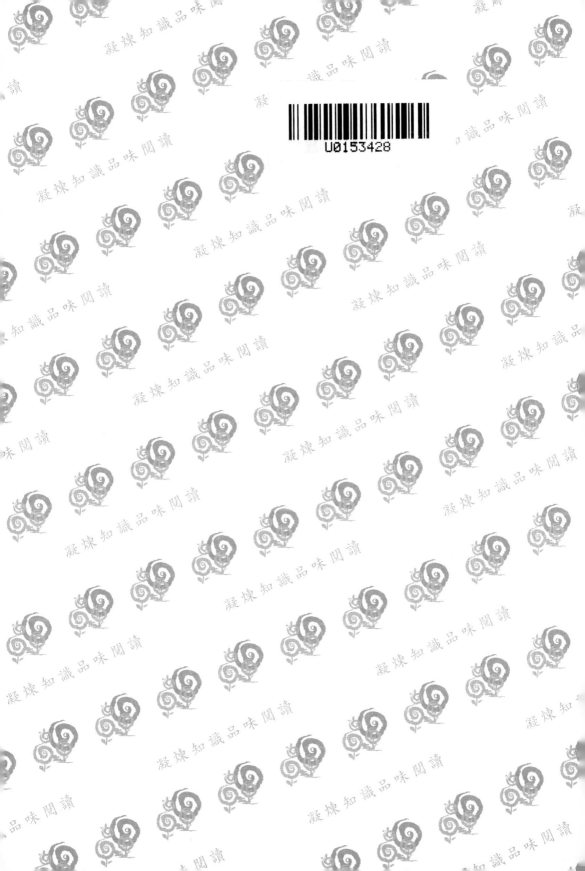

U0153428

創意思考與文創應用

施百俊　主編

賀瑞麟　葉晉嘉
蔡玲瓏　朱旭中　著
張重金

五南圖書出版公司 印行

主編序：創意可以學習

創意可以學習嗎？

這個問題要分成兩個層次來說：一是「目標」、二是「方法」。

首先是學習的目標：我們想從「沒創意」變成「有創意」、從「沒什麼創意」變成「滿腦子創意」。如果就這一點來說，老師必須承認做不到；全天下也沒有老師敢說做得到。因為一個人有沒有創意的形成原因太複雜，包括先天的天賦、後天的經歷、甚至還有機運……，都不是可以單靠「學習」得來的。也就是說，創意學不到。

其次是學習的「方法」：創意思考是「發散式」的，方法卻是「收斂式」的；創意基本上「隨機」發生，方法卻著重「因果關係」；創意是「質性」（qualitative）的，方法卻是「量化的」（quantitative）；創意是「跳躍式」的，方法是「程序化」的；從資訊科學的角度看，創意是平行處理（parallel processing），而方法卻是序列式處理（serial processing）。也就是說，不可能發展出一套創意的學習方法。

但如果我們換個角度思考，會像這樣去「分析」創意，本身就很「沒創意」──看起來合乎邏輯，但又很不合乎邏輯──就像你想要教徒去證明「上帝存在」才要信上帝一樣。實情是，只要你「相信」，上帝就存在了。也就是說：相信創意可以學習，創意就可以學習；只要你努力學習，多多少少都會變得比較「有創意」。

本書就是秉持著「創意可以學習」的信念，試圖發展出一套系統化的課程與教材，讓學生循序漸進、按部就班的完成學習目標。

在第一章裡，具有哲學學術背景的賀瑞麟老師採取「辯證綜合」的做法──先從中西文字理論中，分析了創意的本質，然後介紹創意的靜態結構與動態歷程，最後指出創意的整合，在於意想不到的連結。在第二章

中，他說明如何從邏輯思考發展出創意，並指出兩者間有如「陰中有陽、陽中有陰」互相包含的關係。在第三章中，賀老師則從多年教授「創意思考」這門課程所使用的案例中，歸納出五式創意心法。以上，屬於創意思考的理論部分。

在第四章中，蔡玲瓏老師提供了創意思考的練習方法，包括放鬆、視覺化……，可以讓同學在課堂上立刻試試看，日常也可以經常練習。接下來，本書進入創意思考的「應用」部分。在第五章中，張重金（阿金）老師提供了長年從事創意設計工作所累積的經驗與技術，可以讓同學運用在平面設計、視覺設計、商品設計……領域，讀了保證受用無窮。在第六章中，葉晉嘉老師將帶領大家進行組織性的創意思考，運用幾個已經被證明有效的團體技巧，完成創意發想與企劃。

在第七章中，蔡玲瓏老師以大量的行銷案例介紹了創意的來源與應用，只要經過適當的轉化，馬上就可以變成屬於你自己的行銷創意。在第八章中，葉晉嘉老師則帶領大家去看各種創意群聚與創意街區，世界各地的創意人如何工作與生活。在第九章中，朱旭中老師則提供在影視產業常用的創意寫作方法，也就是用影像來說故事。

本書專為大專院校文化創意產業科系所開設的「創意思考」、「創意設計」……相關課程而設計，實施在一般性的通識課程也可以。內容包含一學期（2-3學分）的課程教材，每章長度不一，不一定每週上一章，但足夠18週以上，教師可以自行斟酌選取授課。因應資訊時代新的學習趨勢，課程內容會提供許多「超連結」，希望能讓有興趣的學者能找到相關更深入的資訊。

書寫風格儘量口語化、生活化。課程重點都會特別標注、分點列舉、並且有章末的重點回顧，但請不要背誦，更不要拿來考選擇填充題。習題部分為「開放式」問題，沒有標準答案，著重思考、推理和討論（參考解

答列於書末）。希望能培養同學蒐集資料、教育自己的能力。因為畢竟，網路上什麼都有，重要的是知道自己要找什麼。

　　最後想講的是，一本書的完成通常是數十人、甚至上百人心血的結晶。作者之功，十分之一而已。因此，我想先代表作者群感謝策劃出版本書的五南圖書出版公司，陳念祖主編以及其他辛勤同仁的敬業精神無人可比。本書內容若有任何可取之處，全歸功各章老師的辛勤奉獻；若有任何疏漏缺失，則全是編者本人的責任。教材投影片歡迎索取，或有任何批評指教，請來信：bj@bjshih.idv.tw。

　　創意可以學習，讓我們一起來學創意思考！

施百俊

www.bjshih.idv.tw

2018年於臺灣屏東

目錄

contents

第三章　創意心法　賀瑞麟　　　　　　　　　　　　　　　　055

第一篇

創意思考的本質與方法

1 創意的本質

　　本章擬先敘述中國和西方「創造」概念的意涵，然後再說明創意的靜態結構（四環節）和動態歷程（三階段），並從這兩者的整合來談「意想不到的連結」，最後說明創意的學習與培養，其最終目的是：除了學習者本身學會創意思考之外，還要學會能夠欣賞和公正地評價別人的創意。

導論：「創造」概念的意涵

　　「創意」（creativity）或「創造性」概念是個抽象名詞，其動詞為「創造」（to creat）；「創造」一詞的意涵，可以分別從中文和西方來敘述。

中文「創造」之意涵

　　我們以「創」字為主來查詢，我們得到如下的結果：[1]

創	𩵋	刅	创	㓨	㓥	戧	瘡	剏	割
說文小篆	同義字	簡體字	同義字	異體字部分同義字	同義字同義字	同義字	同義字	同義字	同義字

---

[1] 資料來源為「中國哲學書電子化計劃」網站：http://ctext.org/zh，粗體是筆者加重的。

比較值得注意是如下資料：

宋本廣韻	《廣韻·下平聲·陽·創》創：《說文》曰：傷也，禮曰頭有創則沐，今作瘡。初良切，又初亮切，三。 《廣韻·去聲·漾·剙》剙：初也。《說文》曰：造法剙業也。初亮切，四。 《廣韻·去聲·漾·剙》創：上同。又初良切。
康熙字典	《康熙字典·刀部·十》創：〔古文〕戧剏剙《唐韻》《集韻》《韻會》初良切《正韻》初莊切，音瘡。《說文》傷也。本作刅，或作剏。《徐曰》此正刀創字。言刃所傷也。《前漢·曹參傳》身被七十創。又《前漢·班固敍傳》禮義是創。《註》師古曰：創，始造之，音初良反。又《唐韻》初亮切，瘡去聲。始也，造也。《孟子》創業垂統。又傷也。《前漢·匈奴傳》人民創艾戰鬭。又懲也。《書·益稷》予創若時。《註》禹自言懲丹朱之惡，不敢慢遊也。又《集韻》千羊切，音鏘。瑲，或作創。瑲瑲，玉聲。又《玉篇》古文瘡字。《禮·曲禮》頭有創，則沐。餘詳疒部十畫。
英文翻譯	establish, create; knife cut

綜合宋本《廣韻》和《康熙字典》的說法，「創」主要不外如下五種意思：第一個意思同「瘡」，是「傷」的意思，特別是「刃所傷」；第二個意思是「初」的意思，同「剙」字；第三個意思是「始」、「造」的意思；此外還有第四個意思：「懲」和第五個意思：「玉聲」。如果不考慮「玉聲」，在這幾個意思中，除了「傷」、「懲」之外，初、始、造，大體上相應於今日「創造」的意思。輔助的英文翻譯則是「建立」、「創造」和「刀切」。

更詳細的解釋如下：[2]

---

2 資料來源是「在線新華字典」根據《說文解字》所作的解釋：http://zidian.wenku1.com/%E5%88%9B/qiyuan.shtml

「創」字的起源為──

> 早期金文 在刀刃 上再加一點指事符號，表示用鋒利的刀刃砍斫。晚期金文 ＝ （士，大斧）＋ （丮，即「執」，操持、操作），造字本義：木匠揮刀掄斧，砍鑿樹料，建造房屋。早期篆文 承續早期金文字形 。晚期篆文 ＝ （倉，糧庫）＋ （刀，斧），表用刀斧建造糧倉。

由上文可知，「創」的中文意涵──用利刃砍斫、刀斧劈開──具有正反兩面的意義：破與立。「破」的部分是破壞性：創傷，而「立」的部分則是建設性：開創；此外，也有「製造」的意思：砍鑿樹料，建造房屋，這是「製造」。就「開創」與「製造」而言，和西方的「create」（中世紀）、「make」（希臘）可以相符應[3]；而「創傷」的部分，則為中文「創」字特有的涵義，象徵刀具產生的負面結果。如果再加上前文所說的「懲」，則是把「刀」作為教育或執法的工具，這是比較中性的意思，界於正負面之間：對負面的結果給予懲戒，使之回到正軌。

至於「造」字之意，《說文》「造，就也」，與今日理解差異不大，而「創」字的許多意涵之中，其中之一即已包含「造」的意思，因此，不太需要再特別考察「造」字；不過，如果「創造」兩字連查，查到的古籍有如下幾則：[4]

《後漢書》：其二十七，臣所創造。
《金樓子・興王》：是以創造大業，文武並施。

3　西方的部分參見下文。

4　資料來源是《中國哲學電子書計劃》網站：http://ctext.org/dictionary.pl?if=gb&char=%E5%89%B5%E9%80%A0

《三國志》：帝曰：「諸卿論少康因資，高祖**創造**，誠有之矣，然未知三代之世，任德濟勳如彼之難，秦、項之際，任力成功如此之易。」

《通典・指南車》：後漢張衡始復**創造**。

《三國演義》：帝聞奏大驚，半晌無言，覷百官而哭曰：「朕想高祖提三尺劍，斬蛇起義，平秦滅楚，**創造**基業，世統相傳，四百年矣。」

《太平御覽・冬上》：謂改筑城郭，**創造**宮室，修囷倉以備積貯。

《太平廣記・萬寶常》：詔令寶常**創造**樂器，而其聲率下，不與舊同。

從上述原典的引文來看，「創造」一詞在古籍的用法裡大抵類似現代中文中「創」與「造」的混合：創立+建造，類似英文的「eastablish」（建立）。

總結來說，中文「創」字，獨立來看，具有英文的「create」和「make」的意思，另外還有「創傷」、「懲戒」的意思；如果與「造」連合為「創造」一詞，則相應於英文的「eastablish」之意。

西方「創造」之意涵[5]

「創造」概念在西方的發展與演變，可以簡述如下：

希臘時期既沒有「創造」相關的詞彙，也沒有「創造」的概念，只有「製作」（製造）的名詞和概念。在羅馬時期有「創造性」的名詞，但其概念是類似於「父親」，具有生殖、傳承的意思；也就是說在古代（希臘和羅

5　這部分在塔塔基維茲（W. Tatarkiewicz）著，劉文潭譯，《西洋美學六大理念史》（臺北：聯經，1989），頁 293-322，有詳細的描述；我在拙著《今天學美學了沒》（臺北：商周，2015），頁 202-215，有對塔塔基維茲的說法加以整理，而《文化創意產業：理論與實務》（頁 29-31）裡，也有更簡略的版本。這裡的文字是採自《今天學美學了沒》略為改寫的版本。

馬）時期，沒有人是「創造者」。

　　中世紀時期，有「創造」的詞彙和概念，但只適用於「神」；也就是說，只有神是創造者，此時「創造」是被理解為「無中生有」。

　　經歷了文藝復興、啓蒙運動與工業革命，到了 19 世紀，「創造性」的相關詞彙與概念已經可以用在人類活動之上：人可以是創造者，但只限於「藝術家」這類人：只有藝術家是創造者。「藝術」和「創造」（創作）幾乎是同義語。

　　20 世紀以後，「創造」的詞彙與概念不在只限於藝術，而是適用於人類所有的活動，此時可以說是「泛創造主義」的時代：每個人都是創造者，而且什麼事都可以是「創造」。

　　我們將西方「創造」概念之各種意涵，重新整理，圖示如下：

圖1　西方「創造」概念之各種意涵

依照圖1，共有三個圓圈，代表三種創造性的意涵。左上方的中圓是創造性的第一種意涵：「神＝創造者」（中世紀）。中間被包含在大圓中的小圓，是創造性第二種意涵：「藝術家＝創造者」（19 世紀）。右下方的大圓是最廣義的創造，是創造性的第三種意涵：「人類＝創造者」（所有人都能創造，這是 20 世紀的概念），古代因無創造性概念，故用虛線表示。

創造性的第一種意涵（神＝創造者，指的是「神的創造」），和人類無關；藝術活動是人類的活動，因此也和神的創造無關。當時「創造」是如此被理解的：首先，所謂「創造」指的是「無中生有」之事，這是人類做不到的；其次，「創造」在當時屬於一種神祕的活動，而非藝術性的活動；最後，藝術家必須遵守一定的法則和規範來「製造」（而非創造），這顯然與「創造」不同（創造是一種自由的活動）。由以上三點可知，神的創造（第一種意涵的「創造性」）和藝術家的製造（第二種意涵的「創造性」），是沒有交集的。

第二種意涵的「創造性」（藝術家＝創造者），指的是「藝術的創造」；這個看法可以延伸為：從一方面來說，每一種創造皆是藝術，從另一方面來說，每一種藝術皆是創造。從語義上來說，藝術和創造是同義語。當然，這是最極端的表述，較為中庸說法是：並不是所有的藝術都具有創造性，只有「好」的藝術才具有創造性。不論這個「好」如何定義，有一點是確定的，創造性不會表現在其他地方，而只表現在藝術中。

第三種意涵的「創造性」（人類＝創造者），是最廣義的創造，人人都可以是創造者。就圖1大圓和小圓的關係來說，我們可以理解為：有些創造是藝術（或有些創造者是藝術家），而全部的藝術都是創造（全部的藝術家都是創造者）。也就是說：如果全部的人類都是創造者，那藝術家是人類的一部分，自然也是創造者。從圖1的小圓圈來說，藝術家只是人類的一部分，即使全部的藝術家都是創造者，對人類來說，也只是「一部分的人類是創造者」。

總之，古代（無創造）和中世紀（只有神能創造），創造性位於美學

之外，近代以後才進入美學之中（藝術家能創造），現代則又走出美學之外（創造不只限於藝術），遍及人類生活的各個層面：一個商品可以是創意商品，一座城市是以創意城市，一篇論文可以是創意論文，而某種生活型態則可以說是創意生活。

中西「創造」意涵之比較

中文的「創」或「創造」，主要和「刀」的作用有關，形象地看，一刀劃開，可以作為正面意義的開創、建立、製造、創始，如果再加上「倉」，則是建立庫存（糧倉）；當然「刀」的作用也有別的效果，如劃傷、割傷，這是較為負面的描述；此外較中性的地方是，刀也可以用來懲罰錯誤、並制止其再犯，維持某種社會秩序。而就西方「創造」一字的意涵來說，希臘並無此字，頂多只有「製造」（ποιεῖν、poiein；to make，即英文 poet 一詞之相關詞），至於英文「create」一字，雖然羅馬時代即有類似字詞，但並非今日「創造」之意，類似於今日「創造」之意涵的用法，是中世紀以後才開始的，此時，「創造」指的是「無中生有」的意思，一直到近代、現代才不無增補地沿用這個用法。如果要說中西方有什麼交集的話，我們就只能以最廣的意涵來理解，不能只限於「無中生有」的「創造」，而是要用一個「家族」來理解：創造、創始、創立、建立、建造，這些詞可以說是「創造」（無中生有）和「製造」的混合涵義。這樣的意涵可以包含作家虛構一個小說人物，也可以包含設計師構想並製造出一個商品，也可以包含建築師建造一棟房子，甚至也適用政治家創立一個制度、學者撰寫一篇論文、有巧思的人過著愜意的生活（創意生活），因為這些事物都可以具有「創造性」，所以這些行為都可以是「創造」的活動。

但這些只是「創造」或「創意」的意涵，並不是它的「定義」。現代人在使用「創意」一詞時，是在什麼標準下使用的呢？換言之，某事某物，要具備什麼樣的特性，才能被稱為「有創意的」（creative）或「有創造性的」？簡單的定義是：

「新奇性」、「心靈能力」和「獨特性」[6]。就這三個標準來說，只要一件事物是夠「新」的、透過人類「心靈」造出的（而非自然出現的）和「獨特的」，我們就會認為它是有創造性的（或有創意的）。

第一節　靜態結構：創意的四個環節（形式、質料、技術與功能）

不論我們賦予「創造」或「創意」什麼樣的意義，我們都可以從兩方面來檢視「創意」的本質。

什麼是「本質」？如果我們把「本質」定義為「某物之所以為某物之必不可少的特質」，比如說，一粒鹽塊，如果少了「鹹味」，那麼就不成其為「鹽」，這樣我們可以說「鹹味」是鹽的本質之一。同樣地，我們可以問：「創意」或「創造性」不可或缺的特質是什麼？這就是「創意」的本質。我們可以從兩方面來看。

一方面是在結構方面，有哪些環節必不可少，才具有創意？另一方面是歷程，要經過哪些階段，才有創意？結構是靜態的、各環節可以並列；歷程是動態的，每階段在時間中發展。本節從靜態的結構來看「創意」的本質，下節再從「動態的歷程」來談。

我們先回到創意的定義──新奇的、人類用心造的、獨特的──來看創意的本質，我們可先撇開第二項「人用心造的」，因為幾乎每項人造產品都會符合這個條件，必要值得討論的是，如果創意必然和某種「新奇性」、「獨特性」有關，那這些新奇性和獨特性會表現在哪裡呢？

也就是說，就靜態的結構來說，每個具有創意的事物，具有哪些環節是

6　參見《美學六大理念史》頁 313 中提到「新奇性」和「心靈能力」，「獨特性」是筆者自己加上去的。

可以有新意具獨特的呢？

　　我們可以分從如下四個環節來談[7]：當我們說一件事物或活動具有「創意」，我們必然意味著這事物或活動在如下四個方面具有新奇性和獨特性：(1)形式（form）；(2)質料（materia）；(3)技術（technique）；(4)功能（function）。

　　舉例來說，我們說一輛車子具有創意，也許是因為這個車子的形式（形狀、外形）很獨特；也許是因為材質很新奇；也許是因為它是透過一種新的技術生產出來的；也許是因為這車子具有新的、特別的功能。

　　創意如果涉及到某種新奇性或獨特性，那必然是表現在上四個環節（形式、質料、技術和功能）中的其中之一（當然也可以同時具有兩項以上）。

（一）形式

　　這裡的「形式」意思很廣，舉凡外形一切，如「形狀」、「輪廓」、「外觀」、「大小」、「顏色」以及長寬比和排列方式都是算是「形式」。以手機皮套為例，如果外形設計為「書套」[8]，它的外形很新奇和獨特，因而具有創意；許多隨身碟的造形也都很新奇而獨特（比如說設計成骰子、子彈及辣椒的樣子），這些就都是在「形式」具有創意的例子。

7　這靜態結構的四個環節是根據亞里斯多德的「四因說」（形式因、質料因、動力因和目的因）建構出來的，和亞里斯多德的原意並不完全相同；我的論點是：某事物之所以能具有「創意」，必然得在這四因中的至少一項有所「突破」，詳細的說明請參見，賀瑞麟，〈創意與文化創意產業〉，收於周德禎主編，周德禎、賀瑞麟、葉晉嘉、施百俊、蔡玲瓏、林思玲、陳潔瑩、劉立敏、李欣蓉、張重金、朱旭中、陳運星著，《文化創意產業概論：理論與實務》（三版），頁 32-34，臺北：五南，2016。

8　請自行搜尋並觀看「yahoo 文青書套」的影片。

（二）質料

舉凡材質、材料、成分都屬於「質料」的範圍。比如說「紙箱王」餐廳，餐桌、椅子都是由紙做成的，這就是表現在質料上的創意。

（三）技術

這裡的「技術」意思也很廣：生產技術、組織管理、行銷技巧、營運方式都屬於廣義的技術。如原本是透過人工來沖泡咖啡，自動販賣機則利用機器來沖泡咖啡；又如生產方式較無效率，後來透過組織管理，有效的編組人力，結果生產效能提高，這些都算是「技術」方面的創意。

（四）功能

某種折疊式自行車，原本只能代步，現在可以變形為嬰兒推車，這是「功能」方面的創新。原本要丟棄的寶特瓶，剪裁一下，可以當做花盆來種花，也是表現在功能方面的創意。最值得一提的是 7-11 的「微波熱食提袋」，只是在一張布上割上幾刀，就可以成為很方便的提袋，不用時又變回一張布，很好收納，完全不占空間，這是「功能」方面的創意。

總之，當我們說某事物或活動具有創意時，我們必定意謂著該事物或活動在質料、形式、技術或功能，至少這四者之一，具有新奇性或獨特之處。

第二節　動態歷程：模仿、突破與自創一格

創意通常不是憑空而來的，往往是經過長久的模仿、突破，然後自成一格。朱光潛先生曾指出古今中外的藝術大師少年時所做的工夫大半都偏在模仿：米開朗基羅、莎士比亞、李白都不例外。雖說藝術家、工匠、學生乃至一般人，其技能、知識或人生態度，無一不是透過模仿而來；然而模仿終究只是「開始」，並不是「完成」。如果永遠只停留在模仿，那麼永遠都只是「複製」，不可能有自己的創造。不模仿，幾乎無法具有創造性，但只純粹

模仿，則毫無價值。[9]

　　如果借用「守―破―離」[10]三個階段來說明創造與模仿的關係，我們可以這樣理解：「守」是練基本功的階段，是累積資本和涵養的階段，此時重在「模仿」，不要有任何批判，全盤吸收老師的教導即可；「破」是反思和批判的階段，要新消化「守」這個階段所吸收的東西，此時重在「突破」，開始突破常規，打破以前習以為常的模式；而「離」這個階段，脫離窠臼，走自己的路，自「創」一格，重在「創造」。

　　必須注意的是：如果第一個階段「模仿」得不夠全面、資本和涵義的積累不夠，第二個階段就無物可「突破」，當然也就很難「自創一格」。也就是說，嶄新的創造（「離」）是要建立在扎實的模仿（「守」）之上，而突破常規（「破」）則是兩者之間的橋梁。

　　「狹義的創造」就只有在第三個階段：自「創」一格，而廣義的創造，則是在「模仿―突破―自創一格」這整個過程；「創造」，作為全體的過程，乃是不斷的模仿，然後不按理出牌、突破框架，之後脫離窠臼、自創一格。

　　從整個動態的歷程來看，創意在本質上必然包含三個階段：模仿、突破、創造（自創一格）。

第三節　創意的整合：意想不到的連結

　　現在我們要把前兩節所談的創意的本質結合起來：從**靜態結構**來看，創意在本質上必然是在如下四個環節中（至少其中一項）具有新奇和獨特之

9　參見，《今天學美學了沒》，頁 225-226。

10　關於「守―破―離」的理論，我在〈創意與文化創意產業〉，頁 40-48，有詳細的說明；此外，在《今天學美學了沒》，頁 226-227，有較簡略的說明。

處；而**從動態歷程**來看，創意在本質上必然具有三個階段：模仿、突破和自創一格。

除此之外，我們還可以把上述的靜態結構（質料、形式、技術或功能）和動態歷程（模仿、突破、自創一格）**整合**起來談。

首先，我們要問，我們從老師那裡模仿了什麼、突破了什麼、從而用自己的方式創造了什麼？不外就是質料、形式、技術和功能四者之一（或更多）。

以廚師的食材為例，如果他永遠墨守成規（模仿），不在食材（質料）上突破，那他永遠無法自創一格。如果他能突破常規，使用新的食材（質料），那他就有可能自創一格。

同樣，以擺盤（或食物的賣相）為例，如果他永遠墨守成規（模仿），不在擺盤（或食物的賣相，即形式）上突破，那他永遠無法自創一格。如果他能突破常規，採取新的擺盤（或改變食物的賣相），那他就有可能自創一格。

再同樣，以技術為例，如果他永遠墨守成規（模仿），不在技術上突破，那他永遠無法自創一格。如果他能突破瓶頸，精進自己的廚藝（技術），那他就有可能自創一格。

最後，以功能為例，如果他永遠墨守成規（模仿），不在廚具的功能上突破，那他永遠無法自創一格。如果他能突破常規，研發新功能的廚具，那他就有可能自創一格。

在上述的幾個案例中，我們把靜態結構的四個環節（質料、形式、技術或功能）和動態歷程的三個階段（模仿、突破、自創一格）「整合」起來了，這也是一種創意的「連結」。在許多案例中，創意就是表現在這種「連結」之中。這種創意的連結，可以稱之為「新奇的連結」、「意想不到的連結」，甚至「必然的連結」。

創意作為一種新奇的連結，有趣的例子就是臺灣的珍珠奶茶[11]：以「新奇」的方式來「連結」兩種不同的質料：粉圓和奶茶。當然，奶茶本身在更早之前（不論是在印度或西藏），也是一種新奇的連結，因為它連結兩種質料：「奶」和「茶」。

　　此外，新奇的連結之所以「新奇」，是因為透過不同的方式來看事情，視野不同了，看到了不同的景色，因而也看到了其他人「意想不到的」連結。關於這點，我們說明如下：

　　首先，這種「意想不到的連結」和「固定的連結」不同。固定的連結是「僵化」的，是一直停在「模仿」階段、不知變通的連結，這個僵化也許表現在質料、形式、技術或功能之上；而新奇的、意想不到的連結，則是經過「模仿」，透過「突破」，最終以新奇的、獨特的方式表現在質料、形式、技術或功能之上。

　　附帶說明的是，意想不到的連結也可從不同的角度來稱為「必然的連結」；因為看事情角度的不同，某些創意對一般人來說是「意想不到的連結」，但是對於創造這個連結的人，從他看事情的角度來說，卻是「必然的連結」：因為這種連結是他的創意發想必然的結果，比如說莊子的大鵬鳥，高飛九萬里，看到了不同的風景，見到了必然的連結，這是牠準備六個月條件成熟之後，一舉高飛必然會看到的風景；然而大鵬鳥看到的，對地面上小蟲來說，卻是意想不到的連結，它們的立足點太低，以致視野太窄，看不到大鵬鳥看到的風景。[12]

　　其次，所謂「意想不到的連結」，就「連結」的兩端來說明，也許是兩

11　在〈創意與文化創意產業〉（頁 38-39）裡，我舉的例子是周星馳電影《食神》裡的「瀨尿牛丸」，他以一種「新奇」的方式來「連結」兩種不同的食材（牛肉和蝦子），而創造連厭食症患者都無法抗拒的美食。

12　莊子大鵬鳥的寓言與創意的關聯，請參見本書第三章「創意心法」第一式。

種不同的**形式**（Yahoo 文青書套：書套和手機皮套）、也許是兩種不同的**質料**（如珍珠奶茶：粉圓和奶茶），也許是兩種不同的**技術**（油電混合車：汽油車技術和電動車技術），也許是兩種不同的**功能**（智慧型手機：手機功能和相機功能）。

最後，所謂「意想不到的連結」，所連結者，也許是兩種不可能的因果關係，也許是兩個不能相提並論的事情，前者從邏輯上來說，也許會犯「錯誤因果的謬誤」，而後者也許會犯「類比的謬誤」；而邏輯上的謬誤，換個方式來看，就會有創意，如腦筋急轉彎之創意就常建立在邏輯的謬誤上。[13]

結論：學習有創意，也學習能夠欣賞和客觀評價別人的創意

日本動漫《中華一番》[14]裡有一段情節，是描述男主角「小當家」（劉昂星）[15]參加特級廚師考試時，考試主題是要做一道「麵非麵」的料理。通過資格考的有五個人：劉昂星、阿飛、芝琳、小單、小邴[16]。其中芝琳因為違反廚師倫理，摻了毒品而被終身剝奪廚師資格，小單則是因誤解題意而落敗，剩下劉昂星、阿飛和小邴，而評分的方式很有創意：由參賽者互評。

這部動漫有許多地方是和創意思考有密切關聯的，由於篇幅所限，這裡只講和本章主題「創意的本質」相關的二點。第一點是參賽者互評真正的用意，這一點稍後再談。第二點是小單落敗的爭議。

小單因誤解「麵非麵」的題意而被踢出決賽。考題是「麵非麵」，小

---

13 這部分請參見本書第二章第三節。

14 參見《中華一番》動畫版第十四集。

15 在動畫版中，「劉昂星」被誤譯為「劉昂星」。

16 動畫版把「小邴」誤譯為「小韓」。

單做出來的料理是「貓耳朵」，一種外形（形式）類似貓耳朵的麵食（質料仍是麵粉）。小單用質料是麵粉（麵）而「形式」不是麵條形狀（非麵）的貓耳朵來解題，被考官判定誤解題意，因而被趕出考場。參照其他四人的答題結果，我們可以推知：「麵非麵」的題意被設定為「形式是麵條的形狀（麵）而質料不是麵粉（非麵）」，因此，劉昂星用鯰魚肉當麵（麵的形式、魚肉的質料）、芝琳用米粉（麵的形式、米的質料）、阿飛用馬鈴薯麵（麵的形式、馬鈴薯的質料），而小邢則用牛肉當麵（麵的形式、牛肉的質料），都符合題意。

但題意真的只能這樣解釋嗎？平心而論，光從考題「麵非麵」三個字並無法確定「麵」和「非麵」是指「形式」還是「質料」；是要以「麵」的形式搭配「非麵」的質料（如劉昂星等三人所做的），還是要以「麵」的質料搭配「非麵」的形式（如小單所做的）？這其實在文意上是可再討論的；雖然這裡的討論有點認真過頭了，但是這不乏是「創意結構」四環節的一個很好的討論案例：「麵」或「非麵」指的是「形式」還是「質料」？

回到第一點「參賽者互評」來看：評分方式是參賽者互評，滿分為十分，結果如下表：

		評分人			總分
		劉昂星	阿飛	小邢	
受評人	劉昂星		8	1	9
	阿飛	8		1	9
	小邢	5	5		10

劉昂星和阿飛各得了 9 分，而小邢則得了 10 分，因此，乍看之下，小邢的分數是最高的；小邢也得意洋洋，自以為是冠軍。結果考官告訴自以為是冠軍的小邢，你可以離開了，因為你有私心，無法公正的評價自己與別人的作品，這樣光有廚藝，也不夠格成為特級廚師。

這段劇情和「創意」有什麼關聯，為什麼要放在這裡討論？我們的回答是：特級廚師不僅僅是要學習精湛的廚藝而已，也要夠專業、夠公正地欣賞和評價別人的料理；同樣地，學習和培養創意，不僅僅是要讓自己更有創意或創造力而已，還要學習更專業地、公正地欣賞和評價別人的創意，這點對所有要學習創意的人，是不可不知的。

重點回顧

● 中國和西方「創造」概念的意涵：以最廣的意涵、用一個「家族」來理解：創造、創始、創立、建立、建造，這些詞可以說是「創造」（無中生有）和「製造」的混合涵義。這樣的意涵可以包含作家虛構一個小說人物，設計師構想並製造出一個商品，建築師建造一棟房子、政治家創立一個制度、學者撰寫一篇論文、有巧思的人過著愜意的生活（創意生活），因為這些事物都可以具有「創造性」，所以這些行為都可以是「創造」的活動。

● 創意的靜態結構（四環節）：當我們說某事物或活動具有創意時，我們必定意謂著該事物或活動在質料、形式、技術或功能，至少這四者之一，具有新奇性或獨特之處。

● 從整個動態的歷程來看，創意在本質上必然包含三個階段：模仿、突破、創造（自創一格）。

● 靜態結構的四個環節（質料、形式、技術或功能）和動態歷程的三個階段（模仿、突破、自創一格）的「整合」：是一種創意的「連結」。這種創意的連結，可以稱之為新奇的連結、意想不到的連結，甚至必然的連結。意想不到的連結，就「連結」的兩端來說明，也許是兩種不同的形式、質料和功能；也許是兩種不可能的因果關係，也

許是兩個不能相提並論的事情。

● 最後說明創意學習與培養，除了本身具有創意之外，還需要有公正地
欣賞和評價別人創意的能力。

習題

1. 中文的「創」和「創造」有什麼意涵？
2. 西方的「創意」有什麼意涵？
3. 從靜態結構看，創意有哪四個環節？
4. 從動態歷程看，創意有哪三個階段？
5. 什麼叫新奇、意想不到的連結？
6. 除了培養創意能力之外，還有什麼能力是一個學習創意的人必須培養
   的？

參考文獻

《中華一番》（電視動畫，1997-1998）。

《食神》（1996）。

「中國哲學書電子化計劃」：http://ctext.org/zh。

「在線新華字典」：http://zidian.wenku1.com/%E5%88%9B/qiyuan.shtml。

賀瑞麟，〈創意與文化創意產業〉，收於周德禎主編，周德禎、賀瑞麟、葉晉
嘉、施百俊、蔡玲瓏、林思玲、陳潔瑩、劉立敏、李欣蓉、張重金、朱旭
中、陳運星著，《文化創意產業概論：理論與實務》（三版），頁 28-56，臺
北：五南，2016。

賀瑞麟，《今天學美學了沒》，臺北：商周，2015。

W. Tatarkiewicz 著，劉文潭譯，《西洋美學六大理念史》，臺北：聯經，1989。

作者簡介

賀瑞麟

政治大學歷史學士、臺灣大學哲學碩士、博士；現任
國立屏東大學文化創意產業學系副教授。曾任屏東教
育大學通識中心主任、臺灣文化產業經營學系主任、
教師專業社群「美感與創意研究社群」主持人，著有
《文化創意產業教學中之哲學教育——以電影導入經
典教學之嘗試》、《辯證、默會與創意：美學與哲學
教育論文集》、《今天學美學了沒》、《文化創意產
業：理論與實務》（本系教師合著）、《文化創意產
業之個案與故事》（本系教師合著）、《哲學與當代
議題》（教育部認證通過之數位教材）及學術論文20
餘篇；榮獲數次教學績優教師；主要關心議題為美
學、創意思考及文化創意產業理論。

2 從邏輯到創意

　　本章的主要論點是：「邏輯」和「創意」並非絕對對立，邏輯是可以連結到創意的。這個連結有兩條路可以走：其中一條路是「貫通」，另一條是「翻轉」。

導論：邏輯與創意是對立的嗎？

　　「邏輯」與「創意」之間的關係通常被理解為「對立」的關係。依照德・波諾（Edward de Bono, 1933-），「邏輯思考」，又名「垂直思考」（vertical thinking）或「收斂性思考」（convergent thinking）。這種思考的特色就是「從問題本身出發，依循慣用的邏輯路線探索答案，此路不通，換條路線推進。不論用了幾條思路，也不管思路的複雜性，這些思路總是針對著那個清楚又確定的答案而來。……心理學者稱這種思考方式為『收斂性思考法』或『垂直思考法』」。[1]這種思考方式就是針對問題，找出一個明確的答案，對非常分明。就像挖掘石油一樣，從一個定點深入挖掘下去，直到挖到為止；真挖掘不到時，再換一個地方繼續挖掘下去。而「創意思考」（creative thinking）又叫「水平思考」（lateral thinking），或「發散性思

---

[1] Edward de Bono 著，楊麗文譯，《快樂的思考法》，第 1 冊，頁 1，臺北：桂冠，1996。

考」（divergent thinking）；這種思考法，求解的思路是從各個問題本身向四周水平發散，各自指向不同的答案；答案也無所謂對錯，但往往獨具創意、別富巧思，令人拍案驚奇，玩味無限[2]。

如果我們把這種「邏輯思考」與「創意思考」的對比再連結上「左腦負責邏輯思考」而「右腦負責創意思考」[3]的說法，那麼對立性就更明顯：似乎「邏輯的」就不能是「創意的」，「創意的」就不會是「邏輯的」。然而如果我們從傳統邏輯的「非形式謬誤」[4]來看，會發現同一件事，從某個立場（領域）看它是謬誤，而從另一領域來，則是「創意」（關於這點，我們在本章第三節會再說明）。[5]

本章的立論是：它們的對立關係不是絕對的，從一方面說，它們兩者是可以「貫通」的，把邏輯推到極端，學澈底，就會通向創意[6]；從另一方面說，它們的關係也可以是一體兩面，像硬幣一樣，透過「翻轉」，就會呈現另一面，比如說，「自我指涉」在邏輯裡是謬誤，可是只要把這個謬誤，加

2　同上，頁2。

3　我們不反對這個說法。本章要說明的只是：即使這個說法成立，「邏輯」和「創意」之間的關係也不是絕對對立的。

4　「形式謬誤」（formal fallacies）指的是無效論證或違反推論規則的謬誤，此外的其他謬誤，就稱為「非形式謬誤」（informal fallacies）；包含歸納謬誤、語意謬誤和語用謬誤等，參見，陳瑞麟，《邏輯與思考》，頁 137-138，臺北，學富，2003。

5　當然，我們不認為德‧波諾先生認為這兩種思考是對立的、互相排斥的，反而認為它們兩者只是「思考地圖」中的兩個（或更多）個區塊而已：它們之間的關係更像是「並列的」：在《六頂思考帽》中，綠帽很明確就是創意思考，而黑色帽子則是被歸給邏輯，然而白色帽子的客觀態度和藍帽的收斂和歸納的部分，也可以說具有邏輯的成分，見 Edward de Bono 著，劉慧玉譯，《六頂思考帽：增進思考成效的六種魔法》，臺北：臉譜，2010。

6　這個部分，我們在這裡無法詳談，本書第三章第四節可以看成這個說法的例證。

以翻轉就會變成創意，如以下笑話為例：

　　多年以前，旗山火車站的布告欄在整修，貼了一張布告，寫著：「禁止張貼！」（如圖1）

圖 1　「自我指涉的謬誤」（賀瑞麟攝影）

　　這張「禁止張貼布告」的布告——它本身也是一個張貼上去的布告。如果任何布告都不能張貼在這個牆上，那麼這張「布告」本身也不能「張貼」上去，除非它是用寫的、用噴的、用刻的，或者用其他什麼樣的方式都行，就是不能用「張貼」的，否則它就違反自己的規定，犯了「自我指涉的謬誤」，可是這個笑話的創意也體現在這個謬誤上。（詳見第三節）
　　我們再舉網路有名的笑話「念啥」來說明：

　　有人念書時看到「啥」這個字不會念，就跑去問老師。
　　學生：「這字念啥？」
　　老師：「這字念『啥』。」
　　學生：「什麼？」
　　老師：「念『啥』。」

學生：「這字到底念啥？」

老師：「我說這字『啥』就是『啥』，不要再問我『啥』字念啥了！」

就邏輯上的謬誤來說，這個笑話犯了「混淆應用與提指的謬誤」，簡單地說，一個字詞可以有兩種用法，一個是「應用」（use）的用法，一個是「提指」（mention）的用法，最典型的例子就「誰在一壘」這個相聲[7]，其中的「誰」字的意義不斷地在「應用」和「提指」間被轉換。所謂「應用」的用法就是該詞原來的使用方式，如豬一詞，指的是一種動物；豚一詞，指的也是同一種動物，英文的 *pig*、德文的 *Schwein*、法文的 *porc*，指的都是同一種動物；而「提指」就是將該詞加上引號，「提的」跟「指的」，不是該詞的原意，而是「該詞本身」，比如說「豬」指的是豬這個字（而不是一種動物，下同）、「pig」指的是 *pig* 這個字、「Schwein」指的是 *Schwein* 這個字、法文「porc」指的是 *porc* 這個字。

回到「念啥」這個笑話來看，第二行——學生：「這字念啥？」看到這句，我們直覺的理解是「應用」的用法，而老師的回答——老師：「這字念『啥』。」則是「提指」的用法。同學卻將老師所說的「念『啥』」理解為「應用」的用法：「這字念啥？」。這個笑話的創意就是學生一直不理解老師的「提指」用法，一直重複使用「應用」用法來理解。

從上述兩個例子，我們可以知道，「創意」和「邏輯」其實是可以像硬幣的兩面一樣翻轉過來的。因此，只要會「翻轉」，「邏輯」是可以培養創

7　對於這個相聲的創意，我在〈創意與文化創意產業〉中有更為詳細的說明，參見頁 44-46；本文收於周德禎主編，周德禎、賀瑞麟、葉晉嘉、施百俊、蔡玲瓏、林思玲、陳潔瑩、劉立敏、李欣蓉、張重金、朱旭中、陳運星著，《文化創意產業概論：理論與實務》（三版），臺北：五南，2016。

意素養的。而這個翻轉的關鍵之一就在下章所說的創意心法裡[8]。

　　此外，從思考的「光譜」來說，創意思考和邏輯思考，只是我們一系列思考方式中的兩種而已；就思考的「地圖」[9]來說，這兩種思考是整個地圖中的兩個區塊而已。如果我們參考德・波諾的「六頂思考帽」（six thinking hats）的話，人類的思考方式有至少如下六種，而邏輯與創意只是其中兩種（邏輯思考甚至被打散為其中二種，甚至三種）。這六種不是對立的，而是應該在適當的場合各司其職。

第一節　六種思考方式淺介：白色、紅色、黑色、黃色、綠色、藍色

　　從德・波諾提出的「六頂思考帽」來看，人類的思想會混亂，是因為人們基本上會混用六種方式思考，但人類自己分不清楚，有時用創意思考，有時用情緒思考，有時用管理思考，有時同時混用各種思考。他建議用不同顏色的帽子（共有白色、綠色、黃色、黑色、紅色、和藍色等）來代表各種不同的思考方式，解決「毫無頭緒地胡思亂想」的困擾。一次只戴一頂思考帽（即一次只用一種思考方式），這樣就可以確定思考的方向，避免主題失焦。而且，訓練自己能自由戴上不同顏色帽子，從不同的角度進行思考，將使得思考更為全面和完善。

　　以下我們就來簡介六頂不同顏色的思考帽，及它們所代表的思考方式，並且在這個脈絡下，重新討論「邏輯」與「創意」兩種思考方式之間的關係。

8　參見第三章「創意心法」第五式。

9　德・波諾的用法。

一、白帽[10]：代表中立、客觀

（一）白色象徵中立而客觀；白色思考帽代表客觀的訊息（如事實和數字）戴上白色思考帽不允許表達自己的意見，但允許報導他人的意見。

（二）想像一臺電腦，根據指令提供數據與真相，中立客觀，不加任何評論看法。戴上白色思考，思考者就要像電腦。

白帽很好用，我們可以請別人戴上白帽，客觀而中立的陳述事實和數字（數據），以檢查官和律師詢問證人為例，他們應該都同意，證人應該戴上白色思考帽，客觀而中立的陳述事實和數據，不帶任何個人臆測、意見或推論。請看如下法官詢問證人的案例，畫底線的部分就是證人個人臆測、意見或推論：

> 證人：我說過了，他大概是在早上六點半回到住處，<u>因為他整個晚上都在賭</u>。
>
> 法官：瓊斯先生，六月三十日當晚，你是親眼看到被告在賭博，還是他是這麼告訴你的？
>
> 證人：庭上，我並沒有親眼看到，<u>不過，他幾乎每天晚上都去賭博</u>。
>
> 法官：瓊斯先生，如果戴上白色思考帽，你會如何回答？
>
> 證人：我目睹被告在七月一日早上六點半，回到他的住處。
>
> 法官：謝謝，你可以退席了。

從上述案例看，白色思考帽是一種原則，讓思考者心中雪亮，可以清楚分別客觀事實與個人主觀臆測、意見、推論等區別。

---

10 參見《六頂思考帽：增進思考成效的六種魔法》，頁 35-58。

二、紅帽[11]：代表直覺、情感

（一）紅色象徵直覺與情感；紅色思考帽代表情緒上的感覺（感情）、還有預感和直覺；戴上紅色思考帽可以自由切換自己的情感模式，也可以探詢別的感受，但不需要為戴帽者自己的（或請別人為他自己的）感覺辯解或提出邏輯的根據。

（二）紅帽涵蓋兩種廣泛的情感類型。第一類是我們所知的一般情緒，從恐懼、厭惡等強烈情緒，到比較溫和的情緒，如懷疑。第二類，我們把預感、直覺、意識、品味、美感等複雜判斷納入這類「情感」，此外也包括一些不那麼確定的感受。

紅帽給思考者空間，讓他可以光明正大表達自己的感受，由於紅帽讓我們坦誠面對情感，我們逐得以適當描繪，找出最合適的字眼，否則我們往往措辭強烈，佐以誇張的聲調和表情。

溝通時最常見的問題，就是大家隱藏自己的情緒，明明對某人某事不滿，卻不說出來，而把這些不滿的情感隱藏在邏輯的論證底下，表面上很理性，實際上是情感在起作用。如果我們允許開會中大家可以隨時戴上紅帽，表達自己的情感，情緒有了出口，就比較不會隱藏、偽裝在理性論證背後。比如說：

……我要你戴上紅帽，告訴我你對這提案的想法。
……我想戴上紅帽發言，我覺得我們是被迫做出結論。

要發火，要表達情緒，要先戴上紅帽再發火，這似乎有些做作。但就是

11 同上，頁59-82。

這種「做作」彰顯了紅帽真正的價值。一般而言，情緒需要時間蘊釀，更需要時間消退；紅帽能讓我們迅速進出某種情緒：戴上或脫掉；此外戴上紅帽光明正大表達出來的意見，比較容易被接受，因為這是大家講好的。

最後，紅帽跟白帽幾乎是對立的，因為白帽講中立、客觀，不表達任何情緒。

三、黑帽[12]：謹慎、負面（邏輯）

（一）黑色象徵悲觀與負面；黑色思考帽代表邏輯上的否定層面，屬負面思考，指出為什麼行不通的批判；戴上黑色思考帽所扮演的是類似「黑臉」[13]的角色。

（二）黑帽思考和負面檢驗有關。它指出哪裡不對，哪裡有問題；它可以潛藏的風險和代價，也可以指出規劃的缺失。

黑帽思考應該是西方人最習慣的思考方式，這跟他們著重辯論有關，甚至有人完全誤以為邏輯思考等同於黑帽思考，這是不正確的，邏輯思考不等同於黑帽思考。黑帽思考是負面性的邏輯思考，而黃帽思考則是正面性的邏輯思考（詳見下文）。

黑帽思考雖然是負面的，但它是邏輯的，而不是情緒的。情緒性的負面思考是由紅帽扮演（情緒性的正面思考也是由紅帽扮演）。黑帽思考最大的貢獻，就是將情緒性的負面思考從邏輯性的負面思考中抽離開來。

---

12 同上，頁 83-110。

13 同上，頁 87。

……我覺得降價不會起作用！

……這是紅帽思考，我希望你戴上黑帽思考，把你的邏輯原因講出來。

……以我們過去的經驗來看──也就是業績數字，我可以拿給你看──降價帶來的銷售量，從來不足以抵銷獲利的損失。

當然，黑帽思考只負責邏輯思考的其中一面：負面；邏輯思考的另一面──正面──則要由黃帽思考來補足。

四、黃帽[14]：積極、正面（邏輯）

（一）黃色象徵陽光、明亮、樂觀、建設性和機會；黃色思考帽代表邏輯上的肯定層面，包含著希望及積極肯定的正面思考；戴上黃色思考帽思考涵蓋的正面光譜，一端是邏輯與實際，另一端是夢想、願景與希望。

（二）黃帽思考深入探索潛在的價值、利益，找到以後再努力尋找邏輯的論述；它也富有建設性和生產力，它帶來扎實的提案與建議；它也可以從投機的角度出發，尋求任何機會；它同時也允許願景和夢想。

黃帽思考和黑帽思考是對立的：黑帽思考是負面的邏輯思考，說明某事行不通的理由，而黃帽思考則是正面的邏輯思考，說明某事何以行得通的理由。能進行全面而客觀的邏輯思考，就是要有戴上黑帽再脫掉換上黃帽的能力（反過來也一樣）。

---

14 同上，頁111-133。

……戴上黑帽，我得指出：這小屋缺乏電力；戴上黃帽，我可以説：你不用付電費。

……我的黃帽認為：煎蛋捲會是很好的速食餐點，如果要找理由支持這看法，我會說是大家開始注重飲食而且偏好輕食，也會說現在大家早餐比較不愛吃蛋，因此其他時間吃蛋的機會就會相對提高。

黃帽思考不包括純粹的正面陶醉（紅帽），也和創造新點子（綠帽）不相同。純粹的正面陶醉是一種情緒，屬於紅帽思考，不是正面的邏輯思考，所以不是黃帽。而創造新點子，是屬於創意思考，是綠帽，雖然黃帽思考有建設性的一面，但建設性的建議末必有創意，因此兩者並不相同。

五、綠帽[15]：創意、巧思

（一）綠色象徵豐饒、茁壯；綠色思考帽代表創意、新的想法與看事情的新角度；戴上綠色思考帽思考時，思考者要揚棄舊思維，以尋獲更棒的想法。綠色思考帽關乎變革，綠色思考帽是為了朝此方向前進，刻意而專注的努力。

（二）實際上，在所有的思考帽中，我們可能最需要這頂。我們刻意戴上這頂帽子，代表我們刻意撥出時間進行創意思考，這跟坐在那裡乾等靈感來臨並不一樣。也許綠色思考帽戴了半天也沒有出現新點子，重點是有做這番努力，逐漸習慣之後，我們會發現成果開始豐碩。如此，創意不再只是奢望，而是思考過程的正式一環。

---

15 同上，頁 135-168。

綠色思考帽本身不會讓人變得有創意，但能為思考者提供創意所需的時間及專注，當你花工夫尋找其他方案，就有機會找到更多。很多時候，有創意的人不過就是那些願意多花時間嘗試創意的人，因為創意容易因為更多的努力而激發出來。戴上綠色思考帽就是一種人為的激發。要激發人們想出創意點子是不容易的事，但是教人戴上綠色思考帽，提出綠色思考，卻一點都不難。

……咱們來想些新點子，請各位戴上綠色思考帽。

……我們動彈不得了呀，我們一直困在一些老想法中，是戴上綠色思考帽的時候了。

……記住喔，我們現在是戴綠色思考帽，所以我可以提出平常你們覺得很荒唐的那種點子。

多數人覺得創意思考很難，因為那跟我們習慣的認可、評斷、批判相反。多數思考者寧可保險，希望自己是正確的；但創意會涉及挑戰、探索、冒險及「思想實驗」，誰也不知道實驗結果會怎樣，但你希望做做看。

創意不只是正面樂觀的情緒，這屬於紅帽；也不是正面的邏輯思考，這屬於黃帽；創意的綠色思考帽需要確實的新點子、新角度和更多的替代選擇。

戴上白帽思考，我們希望獲得中立客觀的資訊；黑帽思考讓我們期待確切批評；我們希望透過黃帽思考得到正面評價；我們希望透過紅帽思考得到相關感受，正面的、負面的都行。但戴上綠色思考帽卻不能要求獲得，而是要付出；我們可以撥出時間發想，未必能萌發任何創意，但重點是，我們做了這番努力。

我們不能命令自己或他人想得出新點子，但可以命令自己或他人花時間嘗試去想。綠色思考帽為此提供一條正式的出路。

六、藍帽[16]：指揮、控制

（一）藍色象徵冷靜和控制；藍色思考帽代表思考過程的控制與組織，思考解決問題所需的思考方式；戴上藍色思考帽思考時，思考者可以自己組織思考，指揮其他思考帽的運用，監督思考過程，並確保人人遵守遊戲規則。它可以使用其他思考帽。

（二）藍色思考帽是管控的帽子，組織思考本身，思考該以何種方式思考；藍色思考帽有如樂團指揮，負責點選其他帽子上場。

藍色思考帽定義思考主題，制定焦點；界定問題，擬定問句；藍色思考帽指定整個思考任務。藍色思考帽負責歸納、概述、總結，這些可以思考進行間或進入尾聲時發生。

……我們沒有多少時間考慮這件事，所以一定要充分掌握每一秒，誰能給大家的思考提出一個藍帽架構的建議。

……我的藍帽思考建議：我們此刻必尋找替代方案（綠帽）……；這階段，我們用白帽思考……；現在我們需要一些提案，請黃帽思考，提出一些具體建議……。

……各位請先保留黑帽思考，我覺得我們提出的想法還不夠，讓我們來些綠帽思考。

……我現在戴上藍帽，建議大家戴上紅帽，表達對於這個「減少加班」提案的感受！

16 同上，頁 169-194。

藍色思考帽監督整個思考，確保大家遵守遊戲規則；藍帽思考統覽全局，阻止爭辯；藍色思考帽可以不時拿出來戴上，指揮其他思考帽登場；也可制定思考程序的每個步驟，好比編舞家設計舞步一樣。藍帽思考通常由會議主席擔任，但主席也可以指涉會議中任何一人擔任，這時其他人仍然可以發言和評論。

從以上對六色思考帽的說明中，我們可以理解，六種顏色的思考帽彼此的功能不同，既對立又可以互補，涵蓋我們全面的思考。如「白—紅」、「黑—黃」、「綠與藍」這三組，有著明顯的對立：白帽代表客觀中性，提供客觀事實與數據，而紅帽則代表的感受與情緒，表達主觀的情感；黑帽表現的是負面的邏輯思考，用理性的方式看事情的缺失、不足以及可能的風險，黃帽則是正面的邏輯思考，用理性的方式提供建設性的想法，以及可能的希望；綠帽要表現自由奔放的創意，可以大膽提出任何新點子，而藍帽則是要嚴格控制、遵守規則。這六頂思考帽構成了一個完整的「思考地圖」，每種思考方式都是地圖上的一個區塊，每個區塊都不可或缺，也無法被取代。

從六頂思考帽來看「邏輯思考」和「創意思考」之關係

從六頂思考帽的「思考地圖」來看，我們一般認為「邏輯」和「創意」的「對立」關係，並不是絕對的。「創意」的部分是由綠色思考帽來代表，這很清楚；而「邏輯」的部分，也很明確地分別由黃色思考帽（正面的邏輯思考）和黑色思考帽（負面的邏輯思考），這也沒有疑義。不過，如果「邏輯」不只有「演繹邏輯」，也包含「歸納邏輯」的話，那麼代表「統整」、「歸納」的藍帽，也具有部分「邏輯思考」的功能。因此，嚴格地說，相應於邏輯思考的思考帽，是黃帽和黑帽，而寬鬆地說，則還包含藍帽；相應於創意思考的帽子，則是綠色思考帽。在上文中，和綠色思考帽相對立的，並不是黃帽或黑帽，而是藍帽。藍帽只有在比較寬鬆的意義下，才可以歸在邏輯思考下，而且它還象徵其他的思考方式，所以不完全和創意思考對立。

正如上節所說的，「邏輯」和「創意」對立並不是「絕對的」，反倒

像是一體的兩面：邏輯可以「翻轉」為創意。再加上本節的說法，我們可以這樣說：邏輯和創意的對立，並不絕對，也不完全。如果兩者的對立並不絕對，也不完全，因此即使搭配上「左（腦）邏輯」、「右（腦）創意」的說法，把「邏輯」和「創意」分別歸屬給左腦和右腦，也無法真的完全把「邏輯」和「創意」切割開來（至少左右腦也有連結的地方）。

從完整的思考光譜或思考地圖來看，邏輯和創意只是功能不同，分攤不同任務，與其說是對立，不如說是互為整體的一部分。如果真的硬要從左腦、右腦的來分割兩種思考方式，那麼就會像那個網路笑話所說的一樣：

美國某總統覺得自己的腦部出了問題，就去看醫生。

醫生檢查之後，就告訴這位總統：「總統先生，壞消息。（爲了呈現雙關語，以下以原文呈現）Your brain has two parts: one is left, and another is right. *Your left brain has nothing right, and your right brain has nothing left*.[17]」

第二節　邏輯與創意 vs.從邏輯到創意：並列、貫通與翻轉

請各位讀者注意一件事情：本章的標題不是「邏輯**與**創意」，而是「**從**邏輯**到**創意」。這兩者有什麼不同呢？

當我們說「邏輯**與**創意」時，我們強調的是「**並列**」，是把邏輯和創意**並列**在一起；我們做是「對比」而不是「對立」；邏輯和創意，兩者都很

---

[17] 醫生先說「總統先生，你的腦有兩個部分：一部分是左腦，另一部分是右腦」，然後下一句就是雙關語，同時表達如下兩個意思，表面上的意思是：「你的左腦沒有什麼右邊（腦）的東西，你的右腦沒有什麼左邊（腦）的東西」，實際上的意思是：「你的左腦沒有什麼對的東西，你的右腦沒有留下什麼東西」；關於雙關語的創意，請參考本章第三節。

重要。就像左手腳、右腳一樣，不是對立，而是相輔相成，左右腳交替，可以讓我們前進，到達目的地；雖然，依照德·波諾，我們的思考不是只有兩腳（像人類），而是有六隻腳（六種思考方式，像昆蟲）；不過，這兩隻[18]「腳」就和其他腳一樣，在全面性的思考方式中，扮演舉「足」輕重的角色。

「邏輯與創意」的並列，就像牛肉麵一樣：有肉有麵，我們可以清楚看到肉在哪裡，麵在哪裡。（請記住這個比喻！）

當我們說「**從邏輯到創意**」時，我們談的不是兩者靜態的「並列」，而是強調兩者之間動態的「貫通」與「翻轉」。「貫通」與「翻轉」是邏輯通往創意的的兩種方式。

由於篇幅所限，邏輯和創意的「並列」，本書不特別處理。「並列」其實就是「混合」：邏輯+創意。「創意」的部分就是本書的主題，由各章來處理；而「邏輯」的部分則可以參考邏輯方面的專書。

再者，關於邏輯「貫通」到創意，需要專書處理，因此這裡也無法詳述，只能簡單說明如下：從邏輯到創意，並不一定要透過「翻轉」而來，可以直接從邏輯「貫通」到創意：把一個專業學澈底了，成為達人，所謂「行行出狀元」，在這個時候，專業也能具有創意。這就是所謂的「十年理論」，根據這理論：任何領域只要學通了，獨創一格，就會有創意。所以把邏輯領域學澈底、精熟了、貫通了，也會通向創意。19 世紀之後，各個領域的名稱就是「XX + logy」，「XX」是某種專業領域，「logy」就是「邏輯」（logic）的變化形式；如「生物學」是「bio-logy」，就是「生命」（bios，希臘文）+ 邏輯 = 生命的邏輯；「社會學」是「socio-logy」，就是「社會」（socius，拉丁語）+ 邏輯 = 社會的邏輯。由於各個學科是「各種專業的邏輯」，因此，只要把各個領域的邏輯貫通了，就可成為領域達人，見人所未

---

[18] 其實是 3 隻或 3.5 隻。

見（看到前所未有的風景），自然會有創意。[19]當然，從邏輯「貫通」到創意，是最難的一條路，需要很扎實的專業素養；但是只要把每個專業領域學得通透了，自然就會有創意（創造性）。

比較容易的是「翻轉」。「翻轉」指的是從邏輯謬誤轉成創意，就像我們也可以從禁忌翻轉成創意一樣。下一節要談的就是從邏輯到創意「翻轉」：透過「謬誤」。（至於從禁忌如何翻轉為創意，請參見第三章第五節。）

第三節　從邏輯到創意：翻轉

邏輯上的「非形式謬誤」大約 10-20 幾種之多，每種都可以翻轉為創意。以下僅舉五個謬誤來作為例證。

一、合稱的謬誤（Fallacy of Composition）

這個謬誤指的是：有些事情對「部分」為真，但未必對「整體」為真；如果不當地把對部分為真的事推到整體上，那就會犯了這個謬誤。以經濟學領域為例：微觀上而言是對的東西，在宏觀上並不總是對的；反之，在宏觀上是對的東西，在微觀上可能是十分錯誤的（這涉及另一個謬誤：「分稱的謬誤」[20]）；合稱的謬誤，只要透過翻轉就會變成創意，讓我們看看如下兩個案例。

---

19 網路有名的〈如何利用一具氣壓計測出大樓的高度氣壓計〉文章，即是一個例證，詳細的內容，請參見〈創意與文化創意產業〉，頁 36-38。

20 分稱謬誤（Fallacy of Division）：指從整體性質推到部分性質的謬誤，即某性質對整體為真，卻未必對部分為真：某合唱團得到競賽冠軍，並不代表該團每個成員都會得到獨唱比賽冠軍。

（一）超級武器霸王：要你命3000

在周星馳、袁詠儀主演的《凌凌漆大戰金鎗客》（1994）中，特工兼發明家「達聞西」（羅家英飾）說道：

我費盡一生精力，將十種殺人武器聚集在一起的超級武器霸王「**要你命三千**」：西瓜刀！毒藥！火藥！硫酸！單車鍊！手槍！手榴彈！殺蟲劑！每一樣都是能獨當一面的殺人武器！現在聚在一起。看你怕不怕！

這裡的「聚」在一起，實際上只是「綁」在一起而已！說「每一種都能獨當一面，全部綁在一起就會形成一個超級霸王武器**要你命3000**」，其實就犯了「合稱的謬誤」，但是這個橋段的創意也就在故意運用這個謬誤：觀眾一開始聽到「費盡一生精力，將十種殺人武器聚集在一起」，原本非常期待，結果達聞西只是將十種武器綁在一起，製造反差，達到某種效果！

（二）黃金夢幻足球隊：少林隊

同樣地，在周星馳的另一部電影《少林足球》（2001）中，原本夢幻的足球隊「少林隊」，每個隊員都是一時之選：大師兄—鐵頭功、二師兄—金鐘罩鐵布衫、三師兄—旋風地堂腿、四師兄—鬼影擒拿手、五師弟（周星馳）—大力金剛腿、六師弟—輕功水上飄；結果卻被業餘隊打得落花流水，理由無他：該球隊沒有默契，直到「大師兄回來了」之後，每個人找回失落的自己，恢復默契，整個少林隊才成為一個超強的隊伍。這也是合稱謬誤翻轉成創意的一個案例。

《少林足球》裡還有其他從邏輯謬誤翻轉而來的創意，比如說業餘隊的隊長（修車工人），在開戰前自我介紹的時候，扳手從隊長的褲襠裡掉出來，大家看著扳手……

隊長：大家不要緊張，我本身哪，是一個汽車維修員，這個扳子呢，
　　　是我用來上螺絲用的，很合理吧？

鋒哥：是啊是啊……

（接著，一根榔頭又從隊長的褲襠裡掉出來，眾人看著榔頭）

隊長：正如我剛才所說，我身為一個汽車維修員，有個槌子在身邊，
　　　也很合邏輯。

鋒哥：行了行了，你們球隊的作風，在業餘界是很出名的，我完全明
　　　白。

隊長：呵呵，那些只是虛名而已，就好像浮雲一樣。（看著天空貌）

鋒哥：總之，大家小心點。

星哥：（狀況外）嗯？

　　從邏輯上說，影片裡業餘隊表現的，不是球技，而是隱藏版的「訴諸暴
力」[21]，而這段臺詞就是把「訴諸暴力的謬誤」轉化為創意。

二、混淆應用與提指的謬誤（fallacy of confusion use with Mention）

　　混淆字詞之應用與提指的謬誤指的是在同一個論證中，同時使用了同一
個字詞的應用（use）用法與提指（mention）的用法。

　　前文提到「念啥」的笑話，是典型的「混淆應用與提指」，其他類似的

---

21 「訴諸暴力的謬誤」（Appeal to force; Argumentum ad Baculum）把主張或斷言之合
　理性植基於有形或無形的暴力之上。

笑話有「誰在一疊」[22]、「唐詩三百首」[23]、「破喉嚨」[24]；公孫龍子的「火不熱，水不濕，刀不傷人」，也可以作如是解：「『火』不熱，『水不濕』，『刀』不傷人」（「火」這個字是不會熱的，「水」這個字是不會濕的，「刀」這個字是不會傷人的。）

（一）很多「選擇」

有一則台新銀行的信用卡廣告[25]，其中的創意就是使用「混淆應用與提指」：

> 一群年輕人到 KTV 唱歌，一進門就問 waiter 說：有很多新歌嗎？
> Waiter 說：我們有很多「選擇」喔！
> 年輕人興奮地打開點歌本，歌本裡所有的歌都名為「選擇」！

換言之，waiter 講的「選擇」是「提指」意義的：我們有很多名為「選擇」的歌，這當然不符合年輕人的期待，他們要的是「應用」意義的：有各式各樣的新歌可以選擇。Waiter 說「有很多選擇」，實際上選擇很少，不就是一些同名的歌曲而已，藉此來強調台新銀的信用卡點數，可以兌換的商品，並不像其他公司一樣，表面上選擇很多（但有許多要自己貼錢），實際上選擇很少。

---

22 參見〈創意與文化創意產業〉，頁 44-46。

23 同上，頁 46。

24 參見，賀瑞麟，《文化創意產業教學中之哲學教育——以電影導入經典教學之嘗試》，頁 44-45，高雄：瑋晟世界資訊，2017。

25 請自行至影音網站搜尋「台新銀行信用卡廣告——選擇篇」。

（二）叫「爸爸」

網路上有一則笑話，後來被改編成動畫[26]：

一天，小明家的電鈴聲響了：「叮咚！叮咚！」

這時妹妹去開門，一位陌生男子站立在門口問道：「請問媽媽在嗎？」

妹妹：「媽，有人找您！」

媽媽從廚房走出來，看了那個陌生男子一眼後說：

「妹妹叫爸爸！」

妹妹這時莫名其妙的看了看那個男子後又轉眼看了看媽媽，停頓不語！

媽媽突然往妹妹的後腦杓啪的一聲打了下去……

「叫爸爸！」

這時妹妹一臉無辜依然低頭沉默不語……

這時媽媽又是啪的一聲往小明的後腦杓打下去！

「叫爸爸！」

最後妹妹終於很不厭其煩的對著那位陌生男子叫了一聲

「爸爸！」

此時，媽媽更是往妹妹的臉上啪的打了一巴掌：

「我是要你上樓叫爸爸下來，告訴他說水電工來了！」

這裡有兩個謬誤，其中一個是「雙關語」：媽媽說「叫爸爸」的「叫」指的是去「叫爸爸下來」，而妹妹理解成「叫這個人爸爸」；兩個「叫」的意義不同，所以是「雙關語」；另一個謬誤則是「混淆應用與提指」，媽媽

26 自行在影音網站上搜尋「叫爸爸」（青禾動畫）。

說的「叫爸爸」是應用的用法，去叫爸爸（妹妹真正的爸爸這個人）下來，而妹妹理解的則是「提指」的用法：說出「爸爸」這個詞！

（三）馬格利特的《形象的背叛》與《兩個奧祕》

此外，比利時畫家馬格利特（René François Ghislain Magritte, 1898-1967）有一幅畫作，名為《形象的背叛》（La trahison des images; The Treachery of Images; 1929-1929）見圖 2。[27]

Ceci n'est pas une pipe.

圖 2　《形象的背叛》示意圖（賀瑞麟繪）

圖中畫著一根菸斗，但在菸斗下寫著一行法文：*Ceci n'est pas une pipe.*（這不是一根菸斗。）這要作何解釋呢？透過「應用」與「提指」，我們就可以理解了：因為那是畫，不是菸斗！

畫中的形象是「菸斗」（提指），而是真正的菸斗（應用）！就像我們說「菸斗」（提指，指菸斗這個詞）不等於菸斗（應用，指真正的菸斗）一樣，馬格利特也說「菸斗」（提指，指菸斗的畫）而不是真正的菸斗。

---

27 為尊重原圖版權，此處僅呈現示意圖，原圖請參見維基百科：https://en.wikipedia.org/wiki/The_Treachery_of_Images

這幅畫展出之後，很多人還是有疑問，很久之後，馬格利特就又展了另一幅：《兩個奧祕》（The Two Mysteries, 1966），見圖3。[28]

圖3　《兩個奧祕》示意圖（賀瑞麟繪）

這幅畫把 1928-1929 年的《形象的背叛》連同畫架一起呈現在畫裡，而在畫架的前方則是呈現出一根菸斗，意思應該是：當年那幅畫了一根菸斗又說「這不是一根菸斗」的畫，它真的只是一幅畫而已，這幅畫所畫的，是在它前方的菸斗。這也就是告訴欣賞者，之前那幅《形象的背叛》裡的「菸斗」就是「提指」的用法，而畫架前方的那根菸斗，才是「應用」的用法（一根真的菸斗）。

但是問題又來了，畫架前方的那根菸斗，其實仍然是畫出來的，它仍然「不是一根菸斗」。所以它還是「提指」的用法。因此，情況變成這樣：畫架裡面的菸斗是「『菸斗』」：提指中的提指、畫中之畫（菸斗畫像的畫像），而畫架前方的菸斗，則是「提指」（畫中的菸斗）；「應用」用法的

---

28 為尊重原圖版權，此處僅呈現示意圖，原圖請見：https://www.wikiart.org/en/rene-magritte/the-two-mysteries-1966

菸斗是在畫之外的，我們看不到的。現在我們看到的兩根菸斗都不是菸斗（應用意義、真正的菸斗），但它們都指向真正的菸斗，或許這是這幅畫名為《兩個奧祕》的原因吧！

三、自我指涉的謬誤（The Fallacy of Self-Reference）

何謂「自我指涉的謬誤」？邏輯上的討論還蠻複雜的，我們這裡只能簡單地說，某些句子所規定的狀況是不能包含這個句子本身的，如果將這個句子本身包括進去，就會造成謬誤。要避免這個謬誤，比較簡單的方式，就是先把自己除外，先明說規則不能套用在自己身上。

最有名的例子是羅素的「理髮師的悖論」（Barber paradox）：張三只能替住臺北市而自己不理髮的人理髮（也就是說，如果某甲住在臺北市而且不能替自己理髮的話，那麼張三一定要替某甲理髮；如果某甲住臺北市而自己可理髮，張三就不能替某甲理髮）。現在問題來了：如果張三住在臺北市，請問張三是否能替自己理髮？

(1)如果張三替自己理髮，那麼，張三就不能替自己理髮，因為他不能替自己理髮的人理髮。這種情況自相矛盾。

(2)如果張三不替自己理髮，那麼，他就必須要替自己理髮，因為他必須替不自己理髮的人理髮。這種情況也自相矛盾。

因此，張三不論自己理髮與否，都不對。利用腦筋急轉彎的方式，我們可以有兩個解法：(1)張三搬出臺北市（為了理髮！）；(2)張三是不會長頭髮的人，如禿頭。

不過，如果題目把「住在臺北市」這個條件去掉而改成一般的「人」，那麼解法(1)就不適用了。同樣的例子有：

（一）「世界上沒有真理！」

如果這句話是真的，那麼世界上至少還有一條真理，所以這句話也犯了自我指涉的謬誤。當然，如果加上一些但書，如「除了這句之外，世界上沒有真理！」或「世界上唯一的真理，就是世界上沒有真理！」這樣的話，就可以避免這個謬誤。

（二）風紀股長說：「任何人都不許說話！」

除非風紀股長不是「人」、他剛剛講的這句話不是「話」，否則這句話就犯了自我指涉的謬誤。當然我們都了解，風紀股長的意思應該是「除了我——為了維持秩序的需要——必要時可以說話之外，其他人都不准說話！」

此外，還有一個類似的笑話：

某屋的外牆因為常被閒人塗鴉，屋主不堪其擾，就在牆上寫上「此牆不准寫！」路人甲看了，就寫「為何你先寫？」屋主很生氣的又寫上「只有我能寫！」路人乙就寫「不寫就不寫！」原先潔白的外牆，就多了四句文字，借用一句成語加以引申，就是「愈描愈黑」。

如果善用自我指涉的謬誤，翻轉為創意，通常會有很不錯的效果。

四、雙關語、文意不清的謬誤

這兩種謬誤都是屬於「歧義的謬誤」（Fallacies of Ambiguity）。「文意不清的謬誤」（the Amphiboly Fallacy）：利用文法上的歧義導出所要的結論，而「模稜語詞、雙關語的謬誤」（the Evocation Fallacy）則是利用論證當中一些字詞的歧義或一語雙關的情形，來導出所要的結論；在許多「冷笑話」、「腦筋急轉彎」和「白癡造句法」中，常常就是把這種謬誤轉化為創意。

（一）「不要帶狗在此小便」：文意不清

某戶人家在圍牆上貼了一張告示「不要帶狗在此小便」，由於是直式的寫法，且分成兩行。從右邊開始讀，第一行寫「不要帶狗」，第二行「在此小便」，可以讀成「不要帶狗在此小便」；但是如果從左邊開始讀，也可以讀成「在此小便不要帶狗」，這就是利用文章不清的謬誤翻轉而來的創意。

（二）「禮讓師長優先乘坐多爬樓梯有益健康」：文意不清

同樣地，在屏東市某國立大學[29]的電梯按鈕旁，有一個告示牌，直式寫法，分兩行；這個告示牌可以讀成（從右至左，從上至下）：禮讓師長優先乘坐，多爬樓梯有益健康。

<blockquote>

多爬樓梯　禮讓師長

有益健康　優先乘坐

</blockquote>

也可以把中間多加一橫這樣讀：禮讓師長多爬樓梯，優先乘坐有益健康。

---

29 這個「此地無銀三百兩」的說法，可以發展成一個「對號入座」的謬誤（創意），因為屏東市的國立大學只有一所「國立屏東大學」，所以當我們說屏東市某國立大學時，就有「對號入座」的用意，就好像我們說木柵某國立大學、公館某國立大學，大部分人都知道指的是哪兩所大學一樣。

禮讓師長
多爬樓梯

優先乘坐
有益健康

如此一來，意思全然不同，這就是「文意不清的創意」！[30]。

五、同（諧）音字[31]

這個謬誤的形式基本上是和「同音異字」造成歧義有關，在中文裡比其他語文裡更容易發生，主要是因為中文裡的同音字特別多；許多趣文、笑話都是透過同音字來表達創意。

（一）託光光與蔣英羽

有則網路笑話叫「託光光」，內容如下：

董事長的助理叫「光光」，
有天董事長叫光光去買蛋塔，然後親自拿去分給員工吃。
有位女性主管吃到驚覺非常好吃，就問董事長這是哪裡買的？

---

30 當謬誤翻轉成創意時，可以把「謬誤」改成「創意」。

31 楊士毅，《邏輯與人生：語言與謬誤》，頁 173，「同音異字的謬誤」，臺北：書林，2001。

董事長説：這是我託光光去買的，如果喜歡的話，你也可以託光光去買

　　女主管面有難色問：一定要脫光光去買嗎？

　　董事長：不託光光也可以，只是託光光去買比較快。不然等下我託光光帶你去！

　　這裡的笑點完全是因為同音字：「託光光」和「脫光光」，在邏輯上是同音字謬誤，在笑話上則是同音字創意。另外一個類似的笑話則是「蔣英羽」：

　　天氣又開始變得冷颼颼了，還飄著絲絲的細雨。兄弟兩人要去逛百貨公司，經過公車站牌附近的銀行，就想先去銀行外面的提款機領點錢，但不巧正好碰到運鈔車正在裝鈔。兩人站在提款機旁邊等了半天，手都快凍僵了，還不時要忍受保全警衛飄來懷疑的眼光。兄一如往常簡短的問我：「凍手嗎？」我照舊簡短地回答：「凍手！」

　　瞬時，四個保全警衛的其中兩桿槍頭轉向了我們。兄似乎嚇呆了！沒有做任何的解釋！我著急，大聲地對兄喊道：「哥，他們這樣，你怎麼都還不開腔呢？」瞬時，四個保全警衛的四桿槍頭全轉向了我們。被扭往派出所後，警察問我哥：「你叫什麼名字？」我哥：「蔣英羽。」警察稍微提高音量：「你叫什麼名字？！」我哥：「蔣英羽。」警察大聲：「你～叫～什～麼～名～字？」哥也大聲回道：「蔣～英～羽～」警察：「好、好、好，What is your name？」哥生氣，沉默以對！警察無奈，轉頭問我：「What is your name？」我有點怕，很快的回答他：「蔣國羽」。

　　畫底線的部分是因同音字而造成的歧義。凍手—動手、開腔—開槍、蔣英羽—講英語、蔣國羽—講國語。這個笑話其實還有後續，當我把這個

笑話轉貼在 FB 上時，同學們就接力起來了（以下是同學的回應，只能說同音字的創意可以無限延伸）：

……他們的妹妹叫蔣寒羽（講韓語）

……沒錯，堂兄叫蔣克羽（講客語）

……堂弟叫蔣德羽（講德語）

……還有一個親戚叫蔣化語（講法語——以「臺灣國語」發音）

（二）《必娶女人》

2015 年的電視劇《必娶女人》[32]的劇名，也是建立在同音字的創意上，除此之外，還涉及禁忌。「必娶」取自「bitch」這個粗話的諧音，因此既有「必娶」（必定要娶）的意思又有禁忌[33]。

（三）Knott and Watt

除了中文之外，英語也有類似的案例，以下摘自一則網路笑話，也是因同音字而鬧出的笑話。（以下中文畫底線的部分，代表在英文方面是同音字）

Hello, are you there?（喂，你在嗎？）

Yes, who are you please?（是的，請問你是誰？）

I'm Watt.（我是華特〔什麼〕）

What's your name?（你的名字是什麼？）

Watt's my name.（我的名字是華特〔什麼〕）

Yes, what's your name?（對，你的名字是什麼？）

My name is John Watt.（我的名字是約翰・華特〔約翰・什麼〕）

---

[32] 2015 年 11 月 18 日於中視主頻和東森電視臺首播。

[33] 轉禁忌為創意的部分，請參見第三章第五節。

John What?（約翰什麼？）

Yes, are you Jones?（對！你是瓊斯嗎？）

No I'm Knott.（不，我是納特〔我不是〕。）

Will you tell me your name then?（那你要告訴我你的名字嗎？）

Will Knott.（威爾‧納特〔將不要〕）

Why not?（為什麼不要？）

My name is Knott.（我的名是納特〔不要〕）

Not what?（不要什麼〔不是華特〕？）

Not Watt, Knott.（不是華特，是納特（不是）。）

What?（什麼？）

看起來好像「鬼打牆」！這個笑話就是建立在 Watt-What、Knott-Not 同音創意上，如果不了解笑點，請重新看一次，或許就能明白了。

結論：邏輯中的創意與創意中的邏輯

如果「創意」涉及（第一章所說的）：模仿、突破與自創一格，那麼，這個動態的歷程適不適合邏輯思考呢？一個初學邏輯思考的人，必定也是先模仿老師，然後突破，最後自創一格。也許會有人認為：邏輯思考沒有所謂突破和自創一格，一切都是依照邏輯規則去思考就好，有什麼突破和創造呢？

我們可以這樣回答：同樣是數學，有人學得好，成為達人，乃至對數學理論有所創新突破，有人學得不好，連模仿老師都做不到，不要說數學理論，可能基本算術都做不好。數學其實就是邏輯的一種──關於「數」的邏輯，如果剛剛的說法適用於數學，應該同樣也適用於邏輯。

每個領域都有模仿者（依循傳統方式）、突破者（嘗試新的方式，但是以破壞性的方式呈現）和創新者（以新的方式正面地延續傳統的精神），

邏輯也不例外：邏輯內部也會有創造者，能把邏輯學得通透，進而創造新的理論，研發新的邏輯思考，解決新的問題；這就是上文說邏輯向創意貫通情形；這就是邏輯中的創造（創意）。

從另一方面說，創意思考如果是可學習的，它必定有某種「理路」（即「邏輯」）可循，可學而至。創意思考教學就是要循著這理路來教導學生，使學生從不精熟創意思考，逐步地學會創意思考，更進而能把創意思考應用在日常生活和專業領域裡；等他學會某種程度的創意思考，能處理日常生活和專業領域的問題之後，他也能依循著那個「理路」（邏輯），突破、並用自己的方式，去教導別人學習創意思考。這就是一個循環：學習與教導創意思考的循環。這就是創意中的邏輯。

因為邏輯思考中本來就有創意元素，創意思考中也固有邏輯理路，兩者才能互相滲透和交相融會在一起，成為有創意的邏輯思考和合邏輯的創意思考，這時兩者不是並列、混合，像牛肉麵一樣，有麵有肉；而是像廣東粥一樣，米溶在高湯中，完全不著痕跡。[34]

重點回顧

● 邏輯和創意的關係時常被理解為「對立」的，本章說明了：邏輯和創意並非絕對對立，邏輯是可以連結到創意的。這個連結有兩條路可以

---

34 我們還可以補充：如果「邏輯」和「創意」的「並列」是像「牛肉麵」，「貫通」是像「廣東粥」，那麼「翻轉」就像一片土司，分別在兩面抹上兩種不同口味的果醬，一面是草莓醬（邏輯），一面是藍莓醬（創意），兩者沒有「融合」（像廣東粥一樣），但也不是單純的「混合」（像牛肉和麵一樣），而是一體兩面的「結合」，透過翻轉，可以呈現另一面。

走：其中一條路是「貫通」，另一條是「翻轉」。

● 從思考的「光譜」來說，創意思考和邏輯思考，只是我們一系列思考方式中的兩種而已；就思考的「地圖」來說，這兩種思考是整個地圖中的兩個區塊而已。如果我們參考德・波諾的「六頂思考帽」的話，人類的思考方式至少有六種（白色、綠色、黃色、黑色、紅色、和藍色），而邏輯與創意只是其中兩種（邏輯思考甚至被打散為其中二種，甚至三種）。這六種不是對立的，而是應該在適當的場合各司其職。

● 邏輯和創意有三種關係：並列、貫通和翻轉。並列其實就是「混合」：邏輯＋創意；「貫穿」是指邏輯學通了，就自然會通向創意；「翻轉」則是指可以透過禁忌和謬誤翻轉為創意。本章談的是從邏輯謬誤翻轉為創意，而第三章第五節則是談如何從禁忌翻轉為創意。

● 從邏輯謬誤翻轉為創意的案例，本章總共列舉了五種案例：合稱的謬誤、混淆應用與提指的謬誤、自我指涉的謬誤、文章不清和雙關語的謬誤、同（諧）音字。

習題

1. 邏輯與創意是對立的嗎？
2. 六頂思考帽有哪六種顏色，分別代表什麼樣的思考式？
3. 從邏輯如何「貫通」到創意？
4. 請任舉二例說明，邏輯謬誤如何被轉成創意？
5. 牛肉麵和廣東粥有什麼不同？它們如何被用來比喻與邏輯和創意的關係？

參考文獻

《少林足球》（2001）。

《必娶女人》（2015）。

《凌凌漆大戰金鎗客》（1994）。

陳瑞麟，《邏輯與思考》，頁 137-138，臺北，學富，2003。

賀瑞麟，〈創意與文化創意產業〉，收於周德禎主編，周德禎、賀瑞麟、葉晉
　　嘉、施百俊、蔡玲瓏、林思玲、陳潔瑩、劉立敏、李欣蓉、張重金、朱旭
　　中、陳運星著，《文化創意產業概論：理論與實務》（三版），頁 28-56，臺
　　北：五南，2016。

賀瑞麟，《文化創意產業教學中之哲學教育——以電影導入經典教學之嘗試》，
　　頁 44-45，高雄：瑋晟世界資訊，2017。

楊士毅，《邏輯與人生：語言與謬誤》，頁 173，「同音異字的謬誤」，臺北：書
　　林，2001。

Edward de Bono 著，楊麗文譯，《快樂的思考法》，第 1 冊，頁 1，臺北：桂冠，
　　1996。

Edward de Bono 著，劉慧玉譯，《六頂思考帽：增進思考成效的六種魔法》，臺
　　北：臉譜，2010。

René François Ghislain Magritte,《形象的背叛》（La trahison des images; The
　　Treachery of Images; 1929-1929）: https://en.wikipedia.org/wiki/The_Treachery_
　　of_Images

René François Ghislain Magritte, 《兩個奧祕》（The Two Mysteries, 1966）: https://
　　www.wikiart.org/en/rene-magritte/the-two-mysteries-1966

3 創意心法

這一章要講的是「心法」，是基本心態、觀念和內功，要談是「眼界」，不是招式，也不是實戰的技巧；關於招式和實戰技巧需要具體的做法和訓練，請參見第四章、第五章和第六章、第七章和第九章。

導論：創意心法五式

創意通常跟我們看待問題的方式有關。

有時，缺乏創意，是因為我們高度不夠，看不到事情的全貌，這時就要站在更高的立足點來看問題。

有時，缺乏創意，是因為我們想錯了方向，思考不到問題的核心，這時就要從不同的方向想問題。

有時，缺乏創意，是因為我們的心態不對，誤解了問題，這時就要調整心態來解問題。

有時，缺乏創意，是因為我們的立場本位，談偏了問題，這時就要改變立場來談問題。

有時，缺乏創意，是因為我們的領域盲點，問錯了問題，這時就要換個領域來問問題。

創意心法五式，是修練「高度」、「方向」、「心態」、「立場」、「領域」這五處重要穴位的內功大法，練成之後就可以打通創意思考的奇經八脈，在生活世界和專業領域無入而不自得、逍遙自在。

第一式　先立其大：換個高度看問題（柏拉圖與莊子）

　　創意時常和我們看事情的「高度」有關。站得夠高，視野就會更廣、更遠，也更能看到事情的全貌。

　　有一本英文繪本《Zoom》[1]，由 30 幅圖片組成，全篇沒有一個字（圖片中的字除外）；打開第一頁的人通常看不懂那張圖在表達什麼（只看到一朵像紅花的東西）但是翻開第二頁之後，就知道第一頁在表達什麼（原來那是公雞頭上的雞冠）；看了第三頁之後，就知道前兩頁在說什麼（原來有兩個小孩子透過窗戶在看公雞）；一直到看完最後一頁之後，才知道全書要表達什麼。之所以如此，是作者透過每一頁表達一個比前一頁更高的立足點，視野更高、更廣，看到的事情就更全面。

　　接下來我們要透過柏拉圖（Plato，西元前 428/427 或 424/423-348/347）和莊子（約西元前 369 年至 286 年）的兩個故事，來說明創意和看事情的高度之間的關聯。

故事一：走出洞穴，直探創意本源──柏拉圖的「洞穴之喻」

　　首先，我們要說的故事是柏拉圖的「洞穴之喻」[2]：

　　有一群人（囚徒），從小被手鐐腳銬銬住，頭也被鍊住，只前往一個方向看，看到的只是前方洞穴牆上的動物標本的影子；從洞穴外進來的工人搬移動物的標本會經過囚徒後方的矮牆，矮牆後方有火光，會把動物標本的影子投射在囚徒前方的牆壁上（見下圖）：

1　Istvan Banyai, *Zoom*, London: Puffin Books, 1998.

2　柏拉圖（Plato）著，侯健譯，《理想國》，514a-517a，頁 322-327，臺北：聯經，1980。關於這個故事的更詳細說明，可以參考賀瑞麟，〈從「洞穴之喻」論哲學教育的兩種對比──以海德格的詮釋為中心〉，《揭諦》（南華大學哲研所學報），第 7 期，頁 145-182，2004。

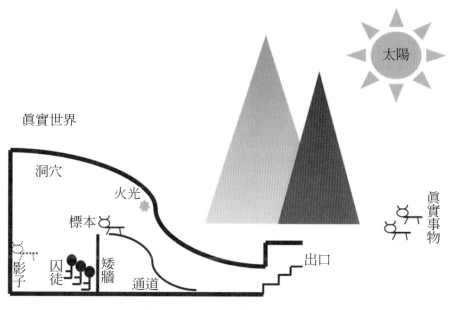

圖 1　洞穴之喻（賀瑞麟繪）

　　這些囚徒從小看到的，就只是動物標本的影子，他們當然不知道「影子」是從標本來的，更不知道標本只是真實動物的「模型」而已。因此，他們看到的真理只是第三層的，標本是第二層的，真實動物是第一層的。如果其中有一人，或者因為被釋放，或者是憑藉著他自己的智慧[3]，解開了手鐐腳銬，越過矮牆，看到牆上的標本，也看到微弱的燭光，這個時候，如果他的眼睛能夠適應微弱燭光的光明（這對完全生活在黑暗中的人來說，是多麼強大刺眼的亮光呀），他就會看清楚標本，他也會知道：他之前看到的影子，其實只是燭光照射標本所投影出的結果而已；但是他如果受不了火光的刺激，而寧願回去重新看他之前習慣的影子，這時他當然不會進一步往前走，去適應更光亮的世界。

3　參見《移動迷宮》（The Maze Runner, 2014）的劇情。

如果這個人願意忍受更大的刺激，他就可以循著從洞口透進來的光，沿著通道，慢慢地爬到洞口；但是要爬到洞口，這說起來很簡單，實際上非常的困難，因為這個囚徒已經被綁住很久了，他的手腳身體都沒有使用過[4]，所以每往前走一步，他的身體所承受的痛苦、他要付出的努力，都會更大，而且他的眼睛所要承受的刺激也會愈來愈大，因為他還不適應這愈來愈亮的光明。從洞穴深處要爬升到洞口，這一級一級「拾級而登」的過程，其實是舉步維艱的，這象徵著：真相或真理的世界不是一蹴可幾的。

　　好，現在我們假設這個人費盡了千辛萬苦，終於爬到了洞口，情形會是怎麼樣呢？

　　在出洞口之前，他原來以為這一連串艱辛爬升的過程，可以讓他適應洞穴之外的光明；結果一出了洞穴，洞外的陽光比他想像的還要強，他幾乎無法睜開雙眼。這也象徵著：我們常自以為自己接受得了真理、承受得了真相，實際上當真正面對真相時，我們是無法承受的。

　　這個囚徒逃出了洞穴，適應了光明之後，他能清楚看到真實的事物──活生生的動物，這才發現：洞穴裡的標本，只不過是第二層的真理而已，真實事物才是第一層的真理。不用說，影子是第三層的，因為它只是標本的「仿本」；而標本是第二層的真理，因為它是真實動物的仿本。

　　在洞外的光明世界待了一陣子，他清楚看到山川大地，各種蟲魚鳥獸；洞穴世界的形形色色，他都能清楚看見，唯獨不能直視太陽，因為陽光太強了。這裡的象徵是：首先，我們透過太陽光來看事物，可以把事物看得更清楚，但是我們無法直視太陽本身。這意味著太陽象徵「理型」；我們透過「理型」來看事物，但我們看不到「理型」本身，除非我們受過訓練。我們可以這樣引申：我們透過許多價值觀來看世界、判斷事情，但是我們無法「看到」我們的價值觀本身，除非我們受過思想的訓練。

4　參看《駭客任務》（The Matrix, 1999）的劇情。

這個囚徒出了洞穴，看清楚了真實的世界，看清了眼睛（等五官）所能看清的世界，可是無法看太陽（理型），也就是說思想所對應的世界（理型世界）；理型的世界要透過思想的訓練才能達到。等到他受過思想的訓練，可以直視理型（太陽）了；他現在才知道，原來他認為最真實的真實世界，也只不過是第二層的真實，太陽（理型）才是最真的、第一層的真理。舉例來說，我們怎麼知道這個動物是狗而不是貓呢？因為我們有對於「狗」的理型的認識，我們才能辨識出這個動物是狗而不是貓。同樣地，只有當我們對「好事」的理型（善）有所認識時，我們才會知道某事是好事還是壞事。我們只有先認識「狗」的理型，我們才能認出真實世界的動物是不是「狗」，我們才能認出洞穴裡的標本是不是狗的標本，也才能認出牆壁上的投影是不是狗標本的影子。

　　就這個意義來說，真正第一層真實的事物，是太陽，是理型，第二層是真實世界裡的動物，第三層是動物的標本，第四層是標本的影子（而他原先以為這是最真實的、第一層的真理）。

　　現在這個人已經能看清楚第一、二層真理的世界，他想說他還有一些同伴在洞穴中看影子，他決定要回洞穴去告訴同伴們真相！

　　我們可以想像的是：正如當初這個囚徒從很暗的洞穴走出來，一時之間無法適應光明的世界、什麼都看不見一樣，當他從光明的世界走入黑暗的洞穴內，他也一樣會什麼都看不見：連標本都看不清了，更不用說牆上的影子。而對洞穴裡的囚徒來說，唯一真實的，就是那些「影子」；如果有一個人突然從洞穴外跑進來跟他們說，你們看到的都不是真實的，那這些人會相信嗎？當然不會，甚至（依柏拉圖的講法），有可能會殺了他[5]。

　　這個故事和「創意」有什麼關聯呢？我們可以分幾點來說明：

5　當然，洞穴裡的被綁住，要如何殺人？我們不用深究，只要知道這象徵蘇格拉底被雅典人處死的事件。

影子的存在是「事實」（fact），但影子不等於「真相」（truth）。標本是影子的真相，動物是標本的真相，理型是動物的真相。「事實」未必等於「真相」，卻是「真相」的一部分。

創意的本源是來自真相，而非事實。創意來自更廣的視野所觀照的真相，而不是局部的事實。唯有走出洞穴，直探本源，創意才能源源不絕。

在這個故事中，有人直通創意的源頭（理型、太陽）、有人得到就只是第二層的仿本（真實動物），而有人看到的是仿本的仿本（標本），有人看到的是仿本的仿本的仿本（影本），卻樂在其中，沾沾自喜。我們可以把這個故事類比到現今的社會：有人能直通創意的本源，進行創造活動，有人卻模仿、山寨他的創意，而第三人模仿、山寨又第二人的創意，第四人又模仿、山寨第三人的創意……，如此以至於無窮。

故事二：飛高望遠，從大鵬鳥的視角看——《莊子》的「小大之辯」

接下來，我們要講的是《莊子・逍遙遊》裡大鵬鳥與小鳥、小蟲的故事。由於原文並不難（當然也不容易），我們不全文翻譯，只挑重點提示它和創意的關聯。

北冥有魚，其名為鯤。鯤之大，不知其幾千里也。化而為鳥，其名為鵬。鵬之背，不知其幾千里也；怒而飛，其翼若垂天之雲。是鳥也，海運將徙於南冥。南冥者，天池也。

魚變成鳥，這是生命型態的轉化，為何魚要化而為鳥，因為要去南方的水域！如果去南方（生命場域的轉化）是這條魚的目的（目的因）[6]，那麼

---

6 見第一章第二節談「功能」部分，「功能」即是亞里斯多德所謂某物的「目的因」。

化而為鳥是它在「形式」上的突破[7]，「生命場域的轉化」、天時（海運）則是「動力因」。

野馬也，塵埃也，生物之以息相吹也。天之蒼蒼，其正色邪？其遠而無所至極邪？其視下也，亦若是則已矣。

在不同的高度，看到不同的事物。

且夫水之積也不厚，則其負大舟也無力。覆杯水於坳堂之上，則芥為之舟；置杯焉則膠，水淺而舟大也。風之積也不厚，則其負大翼也無力。故九萬里則風斯在下矣，而後乃今培風，背負青天，而莫之夭閼者，而後乃今將圖南。

這裡看成「培養創意的條件：能力與資糧」：水的積累夠深厚，其浮力才撐得起一艘大船；風的力量不夠大，則無法承載大鵬鳥的翅膀。風是動力因。

蜩與鷽鳩，笑之曰：「我決起而飛，槍榆枋，時則不至，而控於地而已矣。奚以之九萬里而南為？」

有兩隻「小蟲」（一蟬一鳥），從自己不夠高的立場和有限視野，來嘲笑大鵬鳥：何必飛那麼高、那麼遠？像我們這樣過著「小確幸」的日子不好嗎？飛九萬里去南方，何必呀！莊子開始評論：

7　同上，「形式」，即是亞里斯多德所謂的「形式因」。

適莽蒼者，三飡而反，腹猶果然。適百里者宿舂糧，適千里者三月聚糧。

這裡談的是要獲得小自由，小逍小遙，只需要小資糧，比如說去野餐，只要去 7-11 買飯糰帶走即可，不用花太多時間準備也不用存大金錢；可是獲得大自由，要大逍大遙，比如說環遊世界，那就需更多時間準備，要存更多的錢。類比到「創意培養的條件」來說，小創意有時俯拾即是，但大創意需要長時間的蘊釀和訓練，一旦時機到了（海運），創意才能迸發出來。莊子繼續評論「兩小蟲」：

之二蟲又何知？小知不及大知，小年不及大年。奚以知其然也？朝菌不知晦朔，蟪蛄不知春秋，此小年也。楚之南有冥靈者，以五百歲為春，五百歲為秋；上古有大椿者，以八千歲為春，八千歲為秋。而彭祖乃今以久特聞，眾人匹之，不亦悲乎！

不同的視野，會看到不同的風景，不同的準備，會實現不同程度的自由，也會蘊釀不同的創造力，所以說「小知不及大知，小年不及大年」，小年經歷的歲月（朝菌、蟪蛄、眾人），不如大年經歷的歲月（冥靈、大椿、彭祖），所以只有小知小見，不如大知大見。「大知大年」，站在更高的視野、更久的「歷史長度」，看得比更多小知小年更遠更久，當然看得到更多小知小年「意想不到的」連結，從而更具有創意的優勢。

另外有一個日本公益廣告，姑且稱之為「畫鯨魚的小孩」[8]，主題也和「視野」、「突破框架」有關，相應於我們的創意心法──「換個高度來看

---

8 這個公益廣告在網路上流傳很廣，但名稱不可考。不過，如果在網站上（如 Youtube）以關鍵字「鯨魚拼圖」或「畫鯨魚的小孩」搜尋，就能找到這個廣告。

問題」：

　　某天上繪畫課，女老師請同學們畫下他們心中想到的東西。教室內全班同學都努力的把心中呈現的事物畫出來。有人畫皮卡丘，有人畫兔子，有人畫鍬形蟲。有位同學畫得跟別人不一樣，他在畫紙上塗滿黑色。老師看了，愁容滿面，可能在想：這小孩心裡是一片黑暗呀？！下課了，同學都走了，只剩那位同學還留在課室繼續埋首作畫，把一張又一張的白紙全都塗黑。老師很擔心，把畫作拿給其他老師看，其他老師也都不知道該怎麼辦，把畫作拿給孩子的父母看，父母也很憂心，帶他去看專家，專家問男孩在畫什麼？男孩不回答，繼續把更多的白紙塗黑。後來，教室的位子空了，男孩送去精神病院之類的地方，在病房內，仍然不斷地畫，整個房間都是散落的黑畫。

　　突然有一天，女老師看見了在男孩子座位上的拼圖；病房的護理師也發現，黑畫是可以拼湊在一起的！所有的人便急忙地把男孩畫的所有黑畫都拿到體育館，鋪滿在地上，女老師在二樓高處，指揮全局，大家合力把男孩畫的全部黑畫拼湊起來。

　　結果發現：男孩畫出了一幅超大的鯨魚！但畫中少了一塊，因為男孩正在畫最後一片拼圖。

　　最後畫現出現了一行字：「你如何鼓勵小孩？使用你的想像力！」（How can you encourage a child? Use your imagination!）

　　這個廣告可以作為我們的創意心法最好的註解，儘管它的主題並不關於創意，但它有許多的內容仍然是和創意有密切相關的。

　　首先，老師要同學畫出心中的圖像，而男孩畫出的是一幅全黑的圖，就一般人來說，這個小孩內心充滿「黑暗」，這個小孩不正常。實際上，小孩子的內心並沒有充滿黑暗，只不過他的格局（看世情的高度和廣度）比一般小孩（甚至比大人）都還大。女老師要同學們畫的，只是一張 A4 大小的圖，

而男孩子要畫的卻是 A4 的數十倍。就好比老師要同學交一篇 500 字的作業，同學們當節課就交了，但某位同學卻一直到學期末才交，因為他寫了 10 萬字。

再者，因為男孩子畫的與同學不同、與老師的期待不同，就說他「不正常」，這是一般人直覺的反應；然而與眾不同未必就是不正常，也有可能是「不平常」。這個男孩顯然是屬於不平常的這種。

最後，女老師和護理師都「意外」發現小男孩畫的黑圖之間有「意想不到的連結」，要站在「更高的立場」（體育館二樓）才看得到男孩畫作的全貌（鯨魚）；對眾人來說，那是「意想不到的連結」，而對男孩（創造者）來說，他賦與的是每一張黑圖之間都「必然的連結」，每張圖在整體中都有一定的位置，如果老師和其他擺錯了，就無法完整的拼出「鯨魚圖」。因此，如同第一章所說的，對一般人來說是「意想不到的連結」，就創造者（或後來發現的人）來說，卻是「必然的連結」。

附帶一提，本節所談的第一式創意心法，談到的哲學家是柏拉圖和莊子，這並不表示：每個哲學家只符合一種創意心法，他們有可能也會出現在其他的心法裡；例如莊子在本節出現，也會在第三章和第四章出現。

第二式　反向思考：換個方向想問題（慧能、康德與海德格）

創意時常和我們看事情的「方向」有關。方向不對，甚至連問題都看不到。

這一節要講三個案例（不全是故事）：第一個案例借由禪宗的六祖慧能當引子，導引到康德哲學，然後連結第三個和海德格有關的案例。

案例一：風動、幡動、仁者的心在動（慧能）

（慧能）至廣州法性寺，值印宗法師講涅槃經。時有風吹幡動，一僧

曰：「風動。」一僧曰：「幡動。」議論不已。惠能進曰：「不是風動，不是幡動，仁者心動。」（《六祖壇經‧行由品第一》）

這個故事的大意是：慧能（惠能）法師有次到廣州法性寺去聽經，正值印宗法師講涅槃經；忽然，一陣風來把佛像前面懸掛的幡（旌旗）吹動了。座中兩個和尚看見了就議論起來。其中一個和尚說：「幡在動！」另一個和尚則說：「不是幡動，而是風動。」兩人爭論不休。惠能聽了，便插嘴說：「不是風動，也不是幡動，而是你們兩位仁兄的心在動！」

說幡動，是「事實」（但未必是「真相」），眼見為憑，這是「常識」的看法；然而幡自己不會動，必有「動力因」讓它動，因此是風動（風使之動），這是自然科學的看法。慧能法師則認為不是幡動，也不是風動，而是「仁者的心在動」。這句話要如何理解呢？我們則可以借用康德哲學的說法，看成：是人的「主觀模式」在動！如果人沒有「時間」、「空間」這樣的「感性的模式」，如果沒有「因果關係」這樣的「知性範疇」，那我們怎麼會知道「幡動」、又怎麼會認為是「風吹幡動」呢？

慧能的故事，是引導我們順康德哲學的橋梁，我們來看看康德哲學吧！

案例二：時間和空間不是在我們之外，而是在我們之內（康德）

一般人會認為：時間、空間是「客觀」的，就像一個框框，把萬事萬物裝在裡面；任何事物（包括人類）都會在時間中變化，在空間中占有一定位置。但是康德（Immanuel Kant, 1724-1804）卻不這麼想，他認為：時間和空間並不是在人類「外面」，而是在人類「裡面」；說「裡面」也不精確，比較嚴格的說法是：「時間」和「空間」是人類用來感受世界的兩種主觀模式，就好像我們帶上了一副有色眼鏡來看世界一樣。康德哲學非常複雜而且困難，我們在這裡只能就他對時間和空間的看法，簡要的說明；這個部分，請參考下圖：

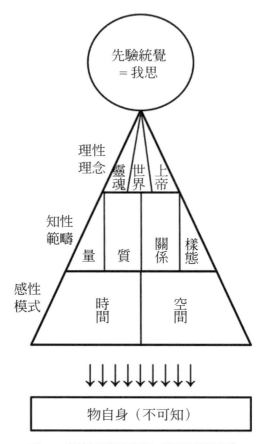

圖2 康德知識論簡圖（賀瑞麟繪製）

這樣的看法，哲學史上稱之為知識論⁹的「哥白尼革命」。哥白尼
（Nicolas Copernicus, 1473-1543）認為天動說的看法並不正確，並不是太陽
繞著地球而是地球繞著太陽轉。同樣地，康德認為時間空間並不是在人類外

---

9 「知識論」是哲學的一個部門，簡單地說，主題是在討論什麼樣的知識才是嚴格的
「知識」（而不是「信念」或「相信」）。

面，而是在人類裡面：人類透過時間、空間來感受事物。我們可以把上圖的整個架構比喻成手機的作業系統（android 或 ios），人類就是透過這整個系統（或框架）來理解世界，人生來就是帶著某種有色眼鏡來看世界；關於事物真實的樣子（物自身），我們是不可能知道的。

雖然這有點難理解，但這的確是一種創意：從不同的方向來看事情。

從不同的方向看問題，常常會出現很有趣的結果：當電影《上帝也瘋狂》[10]裡的布希曼人透過望眼鏡看到遠方的動物時，他們的直覺反應就是「這些動物是怎麼跑到〔望眼鏡〕裡面去的？」不同的文化會預設不同的世界觀，看事情的方式也自然會與其他文化不同。而創意的激發，往往就是透過不同文化中的世界觀相互摩擦激盪而來。

在《莊子》裡也提到了一個故事：

惠子謂莊子曰：「魏王貽我大瓠之種，我樹之成，而實五石。以盛水漿，其堅不能自舉也。剖之以為瓢，則瓠落無所容。非不呺然大也，吾為其無用而掊之。」莊子曰：「夫子固拙於用大矣！……」

這個故事的大意就是惠子嫌莊子的話「高來高去」、「大而無當」，就像超大的葫蘆一樣，果實很大，但沒有用：用大葫蘆去盛水，卻不夠堅固，承受不了水的壓力；把大葫蘆剖開做水瓢來用，卻太大了，沒有那麼大的水缸可以放得下。這個葫蘆不是不大呀，可是我卻因為它沒有什麼用處而砸了它。莊子回了一句：「夫子固拙於用大矣！」（你不擅長使用大東西呀），然後講了一個故事來反駁惠子：

宋國有個家族善於調製「護手霜」，世世代代以洗衣為業。有客人聽

10　《上帝也瘋狂》（The Gods Must Be Crazy），1980。

說了這件事，願意用百金的高價收買他們的祕方。全家族人聚集在一起開會：「我們世世代代，洗衣爲業，收入的總數不過數金而已，如今一下子就可賣到百金高價。還是把藥方賣出吧！」客人得到祕方，去遊說吳王打越國，吳王派他統率軍隊，冬天和越軍在水上交戰，結果大敗越軍，吳王裂土封賞他。同樣能使手不凍傷，祕方是同樣的，有的人獲得封賞，有人卻只能靠代代洗衣，這是使用的方法不同。如今惠子你有五石大的葫蘆，怎麼不考慮用它來製成大舟，浮游於江湖之上，卻擔憂葫蘆太大無處可容？看來先生你的心是被長滿的茅草塞住而不通啊！

蔡志忠先生也把莊子把葫蘆製成舟的點子引申爲：「水可以裝在裡面，也可以裝在外面」[11]，透過這點來說明莊子的創意。莊子的創意，我們也可以透過第一章所講的「四因說」裡面「目的因（功能）的突破」來理解。這種「目的因（功能）的突破」創意，在莊子和老子裡常表現爲對「用」、「有用」、「無用」的另類看法。

順著這樣的觀點看，我們還可延伸下去：一般人都看到「有」的用處，老子卻看到「無」的用處。一般人都看到「有用」的用處，莊子卻看到「無用」的用處。莊子最後甚至連「有用」／「無用」的框架都跳脫出來了。[12]

案例三：我們正在死（海德格）

類似的創意，也表現在海德格（Martin Heidegger, 1889-1976）對生死的看法上。一般人認爲「我們正在活」，而海德格則認爲「人」是「向死而在」（Being-toward-Death），這就意味著「我們正在死」。同一件事，我們

---

11 蔡志忠，《莊子說》，臺北：明日工作室，2003。

12 參見《莊子》〈山木篇〉中有名的「材與不材之間」的故事，很有趣的是，電影《我不笨，所以我有話說》（Babe, 1995），有一段的劇情和莊子這裡故事非常類似：鴨子費迪南怕自己因爲無用被主人吃，所以學公雞叫。

可以這樣說：「我正在上課」，透過海德格的創意心法，我們可以這樣看：「我正在下課中。」大部分的同學，一進入大學念大一，會認為：我正在念大學；如果透過海德格的創意心法，我們可以認為「我正在畢業中」。這是一種創意，從不同的方向看問題的創意。一般人會從起點處往終點看，海德格從終點處往起點看。

我們再看一個同樣是「換個方向想問題」（反向思考）的案例：歌手李恕權的故事。

在成為歌手之前，李恕權原本是在美國太空總署（NASA）工作，當年他才 19 歲，他對音樂有憧憬，雖然工作和學業幾乎占了他全部的時間，但只要有多餘時間，他總是會把所有的精力放在自我的音樂創作上，然而他雖然會作曲，但寫詞並不是他的專長，所以他就四處尋找善寫歌詞的搭檔，與他一起合作創作；後來找到了凡內芮（Valerie Johnson）當他的搭檔。她的一席話改變了李恕權的一生，李恕權是這麼說的：

凡內芮知道我對音樂的執著。然而，面對那遙遠的音樂界及整個美國陌生的唱片市場，我們一點管道都沒有。此時，我們兩個人坐在德州的鄉下，我們哪知道下一步該如何走。突然間，她冒出了一句話：Visualize what you are doing in 5 years？（想像你五年後在做什麼？）

我愣了一下。她轉過身來，手指著我說：「嘿！告訴我，你心目中『最希望』五年後的你在做什麼，你那個時候的生活會是一個什麼樣子？」

我還來不及回答，她又搶著說：「別急，你先仔細想想，完全想好，確定後再說出來。」我沉思了幾分鐘，開始告訴她：

第一：五年後我希望能有一張很受歡迎的唱片在市場上發行，可以得到許多人的肯定。

第二：我要住在一個有很多很多音樂的地方，能天天與一些世界一流的樂師一起工作。

凡內芮說：「你確定了嗎？」我慢慢穩穩地回答，而且拉了一個很長的 Yessssss！凡內芮接著說：「好，既然你確定了，我們就把這個目標倒算回來。

　　「如果第五年，你要有一張唱片在市場上發行，那麼你的第四年一定是要跟一家唱片公司簽上合約。」

　　「那麼你的第三年一定是要有一個完整的作品，可以拿給很多很多的唱片公司聽對不對？」

　　「那麼你的第二年，一定要有很棒的作品開始錄音了。」

　　「那麼你的第一年，就一定要把你所有要準備錄音的作品全部編曲，排練就位準備好。」

　　「那麼你的第六個月，就是要把那些沒有完成的作品修飾好，然後讓你自己可以逐一篩選。」

　　「那麼你的第一個月就是要把目前這幾首曲子完工。」

　　「那麼你的第一個禮拜就是要先列出一整個清單，排出哪些曲子需要修改，哪些需要完工。」

　　「好了，我們現在不就已經知道你下個星期一要做什麼了嗎？」凡內芮笑笑地說。「喔，對了。你還說你五年後，要生活在一個有很多音樂的地方，然後與許多一流樂師一起忙、創作，對嗎？她急忙地補充說。

　　「如果，你的第五年已經在與這些人一起工作，那麼你的第四年照道理應該有你自己的一個工作室或錄音室。那麼你的第三年，可能是先跟這個圈子裡的人在一起工作。那麼你的第二年，應該不是住在德州，而是已經住在紐約或是洛杉磯了。」

　　次年（1977 年），我辭掉了令許多人羨慕的太空總署的工作，離開了休士頓，搬到洛杉磯。說也奇怪：不敢說是恰好五年，但大約可說是第六年。1983 年，我的唱片在亞洲開始暢銷起來，我一天 24 小時幾乎全都

忙著與一些頂尖的音樂高手，日出日落地一起工作。[13]

凡內芮給李恕權的建議是：如果你五年後要做某件事，你就要先想像（visualize，視覺化）你四年後要做什麼？三年後要做什麼？二年後要做什麼？一年後要做什麼？下個月要做什麼？這不就和海德格的思想方式有異曲同工之妙：反向思考、換個方向看事情（從終點向起點處看）？

我們再看一個類似的故事：

相傳成吉思汗的父親為了慶祝勝利，安排了很特別的比賽：誰的馬最慢到達終點，誰就獲勝。騎士們每個都停滯不前，因為誰也不想讓自己的馬先到終點。眼看太陽就要下山，大家仍然，按兵不動；為了突破這場僵局，成吉思汗的父親，下令道：「在不改變原來規則的前提下，誰有辦法儘快結束比賽，給予重賞！」現場眾人絞盡腦汁，仍然想不出辦法。這時年僅 12 歲的成吉思汗跑到賽馬隊伍前，對每個騎士重新安排一番，然後發出號令：跑！只見騎士們爭先恐後地策馬狂奔，比賽很快就結束了，跑得最慢的馬依然是勝者。原來，成吉思汗讓騎士們調換坐騎，甲騎乙的馬，乙騎丙的馬，丙騎丁的馬……如此一來，每個騎士都希望別人的馬先到終點，因此，策馬狂奔。這樣一來，就突破了之前的僵局。

同樣地，成吉思汗的創意心法，也是「換個方向想問題」，用換騎士的方法，來解決賽馬（比馬慢）的問題。

---

13 這是李恕權自己的故事，在網路上的點閱率已超過千萬次，2016 年他將這個延伸為《想像五年後的你：每一天都是美好的實踐，啓動夢想的 21 堂課》這本書（臺北：遠流，2016）。

第三式 建立連結：換個心態解問題（黑格爾）

　　創意時常和我們看事情的「心態」有關。「心態」不調整，看不到問題的癥結。

　　有時，我們之所以缺乏創意，是因為我們無法建立連結，不把路走通（不敢或不能），以致無法看到道路盡頭的風景。

　　接下來要介紹的，就是兩位可以敢把事情的發展推到極致、靜觀其變、從而能夠建立「意想不到連結」（從而也是「必然的連結」）[14]的兩位哲學家。一位是黑格爾（F. G. W. Hegel, 1770-1831），另一位是老子[15]（西元前604-531）。

　　通常最為對立、反差最大的，連結起來就會有最意想不到的效果。有一個很古老的漫畫，臺版譯為《妙廚師》，日本原版為《包丁人味平》（1973-1977），主角是一位小廚師味平（臺版譯為「顏小味」），他一直嘗試要研發出最美味的咖哩，經過多次的失敗與試驗，一件事情啓發了他：

　　他爲了研發好吃的咖哩，決定重新學起，混在一個餐廳當學徒。有一天，有兩個廚師意見不合，打了起來，旁人勸架沒用，去跟主廚報告。主廚二話不說，下令把打架的兩位廚師關進一個小房間裡。眾人覺得很奇怪，問主廚說：關在同一房間裡，這兩個人不會打得更兇嗎？主廚說：「的確，一開始會打得更兇！但過一陣子，兩人就會握手言歡了。一開始打得愈兇，後來兩人的感情會愈好！」果然關沒多久，兩人在房間裡打得更厲害，但是過了很久很久，主廚命令放他們出來，結果一開門，兩人勾

---

14 參見第二章第四節。

15 老子的創意心法「物極必反」、「反者道之動」，也可以作爲這一節的案例來講，但是篇幅所限，故本章只談黑格爾，老子只是略爲提及。

肩搭背，説下次一定要一起大喝一場，不醉不歸。

　　顏小味看到這種情況，內心有所體悟，心想：把咖哩和什麼東西「關」在一起，一開始會格格不入，後來會完美融合呢？經過多次的試驗，他找到了看似最不可能的東西：醬油。醬油和咖哩一開始無法融合，「吵得更兇」，但是時間一久，便與咖哩融合無間，連當時聲望最高的咖哩天才大師——他號稱可以憑味覺就説出廚師加在咖哩裡的任何食材，也吃不出廚師顏小味所調製出的咖哩加了什麼別的東西。

　　顏小味體悟的創意心法，就是這節所講的「連立連結」。黑格爾的「辯證法」，常被理解為「對立面的統一」，或「正反合」，雖然這樣的理解太過簡化黑格爾，因為黑格爾的辯證法並不是「對立面的統一」或「正反合」幾個字可以概括的，然而就創意理論來説，這樣的理解倒不失為一種方便，可以幫我們理解這一節的創意心法：連立連結。首先要建立意想不到的連結，而這個連結，也同時是必然的連結。

案例一：有無相形——有變成無、無變成有

　　關於建立連結的創意心法，可以提到黑格爾《邏輯學》裡的案例：「有」可以變成「無」，「無」也可以變成有。我們稱之為「有無相形」（借用老子的話）。

　　讓我們從「有」（「是」，being）開始（因為「有」是最抽象的概念）。當我們思維「有」時，我們可以問：「有什麼？」、「是什麼？」結果發現，「什麼都沒有」、「什麼都不是」（non-being）、「只是無」（nothing），因此，思維「有」同時就成了思維「無」。

　　當我們問這個東西是什麼時？你回答它是「有」，並沒有真正回答我的問題，因為任何東西都是「有」。所以當你回答我「它是有」時，你沒有增加我對這個東西的任何理解。這個「有」沒有任何內容，因此，它跟「無」差不多。

同樣地，當我們思考「有」時，它固然是「無」；但是當我思維「無」時，它也是「有」，因為它可以被我們思考，它（這個「無」）就還是有內容讓我們去思考它，它是一種「有」，因此，「有」與「無」是同一的東西，這個同一的東西就是它們的真理——「變」：從「有」變無是「死」，從「無」變有是「生」。黑格爾就是透過這種「思辨」方式把「有」—「無」—「變」—「生」—「死」乃至所有的哲學概念全部連結起來了。

黑格爾的創意就在：先打破固有連結。固有的連結指的是一般人、常識的想法：「有＝有」，「無＝無」，「有≠無」。黑格爾先打破這個固有的連結，再連立新的連結：「有＝無」，「無＝有」，把「有—無」之間的連結建立起來了，對一般人來說，是意想不到的連結，但如果透過黑格爾的辯證法來思考，卻同時也是「必然的連結，因為透過辯證法必然會看到這樣的連結。再進一步推演下去，如黑格爾所做的那樣，不僅有會連結到無，連結到變、生、死，只要一直繼續「連結」下去，會走得更遠，連結到「自由」、「精神」等。

案例二：主奴辯證——主人變奴隸，奴隸變主人

另一個案例是黑格爾的《精神現象學》裡面的「主奴辯證」：主人變奴隸，奴隸變主人。

「主奴辯證」可以簡述如下：主人對奴隸有生殺大權，因此奴隸必須弄懂主人的心思，以免招來殺生之禍，而且一切的勞務，都是奴隸在做的，久而久之，主人喜歡吃什麼，喜歡做什麼，如何會討主人歡心，如何會讓主人生氣，奴隸都知道了，主人吃的穿的用的，一切都是奴隸打點，奴隸已完全了解主人的癖好，無形之中掌控了主人，潛在地，奴隸已成主人的主人，主人已被奴隸掌控，變成了奴隸的奴隸。這就是簡化版的「主奴辯證」。

黑格爾在「主奴辯證」這個案例所展現的創意心法和上述「有—無」的連結一樣，在於先打破固有連結：「奴＝奴」，「主＝主」，「主≠奴」；再連立新的連結：「主＝奴」，「奴＝主」；建立了主人和奴隸之間意想不

到又必然的連結。

　　平心而論，要看出兩件事情的不同點（有≠無、主≠奴）是容易的，要從兩件不同的事情中看出相同點，建立出連結，這才是比較難的；而同樣是連結，建立簡單的連結是容易的，建立複雜的連結，則是難的；建立鬆散的連結是容易的，而建立嚴密的連結，則是困難的。

第四式　圓轉如意：換個立場談問題（電車問題與 Oes）

　　創意時常與我們看事情的「立場」有關。立場的轉換也可以產生創意，比如說「白髮三千丈」從現實世界的立場角度來看，是謬誤，而從藝術的立場上來看，則是創意。

　　從不同的立場來看事情，有時會涉及謬誤[16]，有時也會涉及禁忌；舉例來說，我們比「V」字的手勢，在很多地區是代表「勝利」（victory），然而在澳洲卻是禁忌，因為不同的文化會從不同的立場來看事情。在下文中，我們將以一個倫理學的案例來說明，如何將禁忌翻轉為創意。

案例：電車問題與 Oes

　　我們現在要談的是透過倫理學議題來表現創意的案例：創意作為碰觸禁忌及其化解。

　　倫理學是哲學的一個部門，又名道德哲學，顧名思義，就是以哲學的觀點研究道德。倫理學和創意的關聯不在於各種倫理學理論（如效益主義、義務論、德行論等上）的對於「道德」所做的論證，而在於道德的反面——倫理上的「惡」；同樣地，宗教上的「惡」也一樣和創意有關，這兩者和「創

---

16 謬誤的部分，在第二章已提過如果透過謬誤來翻轉成創意，在這裡我們只談如何把禁忌翻轉為創意。

意」的關聯都作為「禁忌」而出現的。在此就一併談論「禁忌」和創意的關聯（不論它是道德的、還是宗教的）。

倫理學有一個很有名的「電車問題」[17]，即你是電車駕駛，你突然發現電車的剎車壞了，而前方軌道上有 5 個人，被撞死的可能性相當高，而另一個軌道支線只有一個人，如果把電車轉到那個軌道上，只會撞死一個人；你是電車駕駛員，你會做什麼樣的決定呢？

這個問題當然沒有標準答案（否則它就不是倫理學問題了），但是回答卻可以很有創意。比如說，把電車開向支線，因為那個人是希特勒。好，這樣的回答算是有創意，也在某種程度化解了問題，雖然不合邏輯！（希特勒怎麼會在軌道上？）但這不是問題，我們可以把「希特勒」換成「在逃的殺人魔」。不論是希特勒還是殺人魔，這個回答之所以有創意，是因為，它碰觸了禁忌（殺人），卻又以某程度化解了這禁忌。

我們可以進一步把禁忌的程度加深，遊走在尺度邊緣。假想有位中年已婚男子回答電車問題，他的答案是：開到支線去，因為在支線上的是我丈母娘！這個禁忌更嚴重了，對於深受丈母娘之苦的人來說，是很創意的，但是對於「認真的」人，這個玩笑就過火了。因為它不是碰到禁忌之後化解了它，它根本沒有化解。

最後，我們可以再舉一個例子，來說明從倫理學的領域來看，作為禁忌的創意，可以碰觸它，但必須化解它。能化解愈嚴重的衝突，就愈有創意。

我上課常問同學一個問題，這個問題甚至比電車問題更常被提及，雖然我們不知道這問題的名字，但是不論有沒有學過倫理學的人，都會——當做玩笑地——問道：如果你妻子和母親同時掉到水裡，只能救一個，你要救誰？

---

17 這個問題請參見桑德爾（Michael Sandel）著，樂為良譯，《正義：一場思辯之旅》，頁 28，臺北：雅言文化，2011。

這個問題也涉及禁忌（死亡），無論救誰，都會有人死亡，而且還不只於此，只救母親，雖然免於不孝的罪名，卻會背上無情的罪名；只救妻子，雖免於無情之罪名，卻會背上不孝的罪名，該如何是好？

　　有創意的回答當然也不少，其中一個是這樣回答的（來自網路）：

女：如果我和妳媽同時掉到水裡，你會先救誰？
男：我會讓我媽救妳，因為我媽從小在河邊長大，很會游泳。
女：你為什麼不下來救我？
男：我不會游泳，如果我也跳下去救妳，我媽肯定先救我，那妳就沒救了！

　　這回答的創意就在：直接把禁忌（死亡）以及道德兩難化解掉的案例。我們可以再來看看同一個問題的另一種變形：（我上課時常問學生這個問題）

　　某人的妻子和母親，同時中了情花之毒，只有一顆解藥，為什麼同時救活了妻子和母親？

　　同學們的回答五花八門，比較有點創意的回答（不過說穿了還是老梗）是：因為藥丸買一送一或抽到「再來一顆」等，所以可以同時救活兩人。也有同學說把藥丸分成兩半，一人吃一半。不過，這樣的回答是最沒有創意的，而且原著（情花之毒出自金庸的《神鵰俠侶》）早已說過不能將藥丸分成兩半來吃，否則病情會加重（原本可以活 16 天，拆半服用只能活 8 天，除非在 8 天內再吃下另一半解藥）。

　　答案是有創意的：碰觸了禁忌，又化解了它：這個人是伊底帕斯（Oedipus），他的妻子同時就是他的母親！現在各位知道為什麼本節的標題我不直接寫出「伊底帕斯」的名字而要用「Oes」這個代號了吧！理由很簡

單，就是怕洩漏答案。這個問題原本觸及一個禁忌（死亡）：只有一顆藥，卻要救兩個人，無論如何都會有人死亡。但答案卻是有創意的：它化解了禁忌——沒有人死亡！卻有引出另一個新的禁忌：亂倫。不過，由於這禁忌已是過去的事了（或者說出自於古代的戲劇作品），不會再造成傷害，也算是某種程度的化解。

這個案例的重點就是：倫理學部門的創意和「禁忌的碰觸並化解之」有關。當然，創意有時會碰觸禁忌，並不代表所有碰觸禁忌的事都有創意。

第五式　異花授粉：換個領域談問題（跨領域對話）

俗語說三個臭皮匠，勝過一個諸葛亮。這是說人多勢眾嗎？還是說一群羚羊有可能勝過一隻獅子？如果一群弱者的集合可以勝過一個強者，那關鍵在哪裡？

創意時常和我們看事情的「領域」有關。我們的領域盲點會讓我們問錯了問題，這時就要換個領域來問問題。

或許讀者會有疑問，這節的心法沒有對應的哲學家嗎？回答是：因為本節的心法是「跨領域」，因此，與其說有相應的哲學家，還不如說是有相應的哲學部門：知識論。

上文說過邏輯的謬誤可以翻轉為創意，關鍵就在「知識論」。為什麼呢？因為盲點和偏見會讓我們的思維固著[18]，阻礙我們的創意發想；如果能夠破除這些固著，讓思維更靈活，我們才能更自由的「翻轉」。知識論討論的主題之一就是這些偏見和盲點；哲學家培根（F. Bacon, 1561-1626）說人有四

---

18 參見第二章中提到的「創意理論（守—破—離）」；其中「破」的意義之一就是打破僵化，即這裡所說的固著，為「離」（最終的創造性）鋪路。

個「偶像」[19]，其實就是指四個盲點和偏見，這四個盲點是：種族偶像、洞穴偶像、市場偶像和戲院偶像。「種族偶像」指的是由於人的本性或自身認知方式而產生的偏見或盲點，其實說的就是「人類」本身認知事物的侷限，比如說人類只能聽到某頻率以下的聲音，而蝙蝠卻不同。「洞穴偶像」指的是因個人的主觀而產生的偏見或盲點，取自柏拉圖洞穴之喻：每人都受到自身洞穴的限制。「市場偶像」濫用語言而產生的偏見或盲點，因為市場常是交換資訊和八卦的場所，加上人類語言的不精確性，因而時常以訛傳訛、三人成虎。「戲院偶像」（或劇場偶像）是指迷信權威（學者的理論）而產生的偏見或盲點；學者專家提出種種理論，如一齣舞臺演出，觀眾無形中會聽信其權威而失去批判能力。要培養創意，就要突破這四個偶像的障蔽，視野才會更廣闊。

此外，跨領域對話，也能消除我們的盲點和偏見，等於是讓我們從新的觀點看世界，因此會更具創意。由於各領域的專業知識不同，看世界的方式就有所不同；參與跨領域對話，等於嘗試從不同的角度看問題，透過眾多專業知識的交流，彼此就會看到不同的風景，萌發前有未有的創意，這是參與跨領域對話的好處。

我們可以用「異花授粉」來比喻這種跨領域對話的狀況，在《學創意現在就該懂的事》，作者婷娜·希莉格（Tina Seelig）提到：賈伯斯認為提升創造力的關鍵就在於「接觸到人類最偉大的創作，然後把這些傑作用在你正在作的事情上。」他又說，麥金塔電腦之所以這麼出色，是因為設計團業是一群「音樂家、詩人、藝術家、動物學家和歷史學家，而他們碰巧也是全世界最棒的學腦科學家。」她還提到：創新的公司都知道異花授粉對創造力的重要，因此會網羅身懷絕技的人才，因為他們知道多元思考對產品開發會帶來好處。以上就是對跨領域對話的「異花授粉」效果最好的說明。

---

19 參見傅偉勳，《西洋哲學史》，頁 255，臺北：三民，1984。

本節一開始的提問：何以一群弱者的集合可以勝過一個強者？我們可以採用傳統的講法來回答：「團結就是力量」！不過，我們或許可以在傳統回答的基礎上加上一個補充：因為跨領域的對話與交流，會讓事情的更多面向被看見，因而問題就可以得到更全面的解決。

結論：善財童子五十三參——修練、修練、再修練！

據《華嚴經》所說，善財童子為求智慧圓滿，遍歷一百一十城，先後參訪過五十位「善知識」，遍及各種領域和階層的人，向他們學習，其中從國王、富翁、良醫到風月場所的女子等各種業者，以及各個層次的修行者，如菩薩、比丘、比丘尼、優婆夷、外道苦行者，都是他學習的對象；最後又參拜了三位大菩薩：彌勒、文殊和普賢。善財童子在這三位大菩薩那裡又分別學到了更深的法門，進入更高境界，最後終究證得和諸佛同等的境界。

這個故事和創意的關聯就是：善財童子就是透過不斷的學習、學習、再學習來修練更高深的法門；不論他已修得多高的境界，他還是不斷的精進。這完全可以套用在「學習創意、培養創意」這件事情之上：跟從五十三位良師益友學習之後，必定已提升了看問題的高度，看到事物的全貌；更能靈活地改變想問題的方向，從另一面思考問題；更能自由調整解問題的心態，建立新的連結；也能站不同的立場談問題，轉化禁忌為創意；最後能在五十三位良師益友的跨領域加持下（每個善知識都是不同的領域），更全面地看到問題的核心，從而萌發創意、解決問題。

創意思考不是一了百了的事，不是從老師這裡學到一招半式就可一勞永逸的事，它需要不斷的修練、修練、再修練！這本書的各個章節就是可以讓我們終身修練的武功祕笈。

重點回顧

- 創意心法五式，是修練「高度」、「方向」、「心態」、「立場」、「領域」這五處重要穴位的內功大法，練成之後就可以打通創意思考的奇經八脈，在生活世界和專業領域無入而不自得、逍遙自在。

- 創意時常和我們看事情的「高度」有關。站得夠高，視野就會更廣、更遠，也更能看到事情的全貌。我們從柏拉圖的「洞穴之喻」來談「走出洞穴，直探創意本源」，從莊子的「小大之辯」來談如何像大鵬鳥一樣從更高的立足點來看問題。

- 創意時常和我們看事情的「方向」有關。方向不對，甚至連問題都看不到。我們從三個案例來談（六祖慧能、康德哲學、海德格）換個方向來看問題會產生什麼樣的創意。

- 創意時常和我們看事情的「心態」有關。「心態」不調整，看不到問題的癥結。本節透過黑格爾的兩個案例（有無相形和主奴辯證）來說明如何轉換心態、推到極端，看出意想不到而又必然的連結。

- 創意時常和我們看事情的「立場」有關。立場的轉換也可以產生創意。在某個立場上是禁忌，轉個立場就是創意。本節說明如何透過立場的轉換來把宗教的禁忌和倫理的禁忌轉成宗教哲學和倫理學的創意。

- 創意時常和我們看事情的「領域」有關。我們的領域盲點會讓我們問錯了問題，這時就要換個領域來問問題。跨領域對話，也能消除我們盲點和偏見，等於是讓我們從新的觀點看世界，因此會更具創意。由於各領域的專業知識不同，看世界的方式就有所不同；參與跨領域對話，等於嘗試從不同的角度看問題，透過眾多專業知識的交流，彼此就會看到不同的風景，萌發前有未有的創意，這是參與跨領域對話的好處。我們可以用「異花授粉」來比喻這種跨領域對話的狀況。

 習題

1. 請說明日本公益廣告「畫鯨魚的小孩」，如何印證了本章的創意心法第一式？

2. 請說明李恕權的故事，如何印證了我們的本章的創意心法第二式？

3. 請說明黑格爾的「主奴辯證」如何印證了本章的創意心法第三式？

4. 請透過本章的創意心法第四式來說明伊底帕斯所涉及的禁忌如何轉成創意？

5. 請用從第五式「異花授粉：換個領域問問題」的觀點，來說明爲何跨領域對話有助於創意的產生？

參考文獻

《我不笨，所以我有話說》（Babe, 1995）。

《移動迷宮》（The Maze Runner, 2014）。

《駭客任務》（The Maze Runner, 2014）。

李恕權，《想像五年後的你：每一天都是美好的實踐，啓動夢想的 21 堂課》，臺北：遠流，2016。

金庸，《雪山飛狐》，臺北：遠流，1990。

傅偉勳，《西洋哲學史》，頁 255，臺北：三民，1984。

賀瑞麟，〈從「洞穴之喻」論哲學教育的兩種對比 —— 以海德格的詮釋為中心〉，《揭諦》（南華大學哲研所學報），第 7 期，頁 145-182，2004。

賀瑞麟，〈創意與文化創意產業〉，收於周德禎主編，周德禎、賀瑞麟、葉晉嘉、施百俊、蔡玲瓏、林思玲、陳潔瑩、劉立敏、李欣蓉、張重金、朱旭中、陳運星著，《文化創意產業概論：理論與實務》（三版），頁 28-56，臺北：五南，2016。

蔡志忠，《莊子說》，臺北：明日工作室，2003。

Banyai, Istvan, *Zoom*, London: Puffin Books, 1998.

Plato 著，侯健譯，《理想國》，514a-517a，頁 322-327，臺北：聯經，1980。

Sandel, Michael 著，樂為良譯，《正義：一場思辨之旅》，頁 28，臺北：雅言文化，2011。

Seelig, Tina 著，齊若蘭譯，《學創意現在就該懂的事》，臺北：遠流，2012。

Sternberg, Robert. J.著，李乙明、李淑貞譯，《創造力 II‧實務》，臺北：五南，2009。

4 創意思考練習

　　從許多的學術研究和心理實驗，都告訴我們一件事情，那就是心情放鬆的時候最能激發創意。因此本章試圖從跟放鬆有關的活動、時機和地點談起，創意的產生就像是一道靈光突然地閃過腦海，特別是在心情放鬆的時候，最容易釋放出來。而接著開始談大腦的運作與創意的關聯，若能將所擷取的知識，以視覺化的方式儲存在腦海，則需要創意元素時，能提取的題材就會更豐富，更容易組合既有的知識，去創造新的知識。而視覺化的思考練習，則有助於形成創意，筆者以歌曲帶領讀者學習想像畫面，作為視覺化思考的前導練習。再以電影情節，做更深度的視覺化思考練習。其後，再透過刻意的練習來增強與創意有關的五種能力，分別是敏銳的觀察能力、跳脫框架的能力、類比思考的能力、逆向思考的能力與自由聯想的能力。相信經過這些關鍵能力訓練，當我們需要創新想法時，創意會像活泉湧流般地浮現腦海。

第一節　放鬆與創意之關聯

一、放鬆與創意關聯的研究

　　創意思考其實也是一種運動，是一種腦波的運動，但是要讓創意接近百分之百的釋放出來，則需要身體與心靈維持平衡，而且是在身心鬆弛的情況下，是一種最能產生創意的情境。提到放鬆的環境，會讓我們聯想到咖啡廳，可以說是一個最能令人放鬆

的地方。星巴克咖啡廳標榜這是除了家和辦公室之外的「第三個空間」，想營造的就是要有家的舒適，以及又能做點事的地方。咖啡廳通常會有音樂，可以說是不怎麼安靜的地方，理論上是個不適於專注的環境，會有干擾且影響人們集中精神處理事務。然而根據伊利諾大學梅塔教授等人在《消費者研究》的論文發表，他們讓不同的受測者處在不同的噪音環境，分別為 50 分貝、70 分貝、85 分貝、完全安靜的空間，最後得出 70 分貝的這組，最能產生創意聯想，而一般咖啡廳播放音樂的時候，就是類似於這樣噪音水準的環境，這也可以合理解釋，對於尋找創意的人士，很喜歡「泡」在咖啡廳的原因。在日常生活中，淋浴可以說是一天中最能獨處且放鬆的時刻，在一次的生產力論壇中，認知心理學家 Kaufman 提出「放鬆、獨處、非批判性的淋浴環境，透過心靈自由徘徊，開啟內在知覺與白日夢之串聯，可以有效激發創意思考。」他的研究發現，72% 的人在淋浴的時候能有靈光一現的創意點子，在時間和空間都是獨處狀態，可以創造一個營造白日夢的環境，獨自散步符合這樣的條件，這種適時的放鬆，讓身體、心靈、思考，內部與外部巧妙的接軌，創造力就是在這樣的獨立空間中產生的。

　　人的頭腦在放鬆時更能產生創意，最早由德國精神科醫生貝爾格（Berger）發現人腦流出的電流活動會因為睡眠而變化，其後經由英國著名生理學家艾德里安（Adrian）於 1942 年實驗證實腦波的存在，依照頻率共分辨出五種不同的腦波，其中與創意思考有關的腦波有兩種，分別是 α（alpha）波與 θ（theta）波。α 波是意識與潛意識之間的橋梁腦波，是想像力的來源，通常在個體閉眼，或放鬆的狀態下出現。δ（delta）波，又稱沉睡波，通常出現於第三與第四期睡眠，θ 波為潛意識的腦波，與記憶、情緒、信念、個性有關，是靈感與創造力的來源。另外兩種分別為 β（beta）波，又稱為忙碌波，這種腦波可以讓人很清醒、很有條理的去處理日常的大小事，但是也容易讓人精神緊張、壓力大。而最後一種 γ（gamma）波，則是覺醒與專注的代表腦波，在大腦活動增加或執行特定工作時，通常與認知有相關。

二、與放鬆有關的活動、地點與時機

除了淋浴之外，泡澡也能產生創意與靈感，且歷史上不乏這樣的例子。浴缸泡滿水想著事情，若是很累則可以小憩片刻。希臘國王懷疑金匠打造皇冠時摻入雜物，於是交付著名科學家阿基米德來查驗，他接下任務後可說是百思不解，廢寢忘食，接連好幾天沒洗澡，家人看不下去強迫他去洗澡。當他跨進浴缸，身體慢慢往下沉時，大量的水溢出浴池，他像發瘋似的跑向大街，說著：「找到了，我找到了！」在阿基米德腸枯思竭時，浴池的水讓他得以放鬆，發現了「質量＝密度×體積」的原理，也證實了金匠的偷斤減兩，至今仍被廣泛運用於生活與科技領域。侯隆雅克（Nick Holonnyak）是發光二極體（LED）的發明人，擁有多項專利發明。他平常在想事情時習慣用手指旋繞著他的捲髮，有天泡在浴缸時，想著他的實驗和發光二極體，望著天花板的燈光，覺得太亮而刺眼，想把燈光調暗些，這時候突然閃過一個念頭，差點從浴缸跳出來，隔天到實驗室開始研究調光器的組合配件，這樣偉大的發明竟然是來自於一次的浴缸泡澡經驗。有些人習慣在睡前思考問題，可能就不知不覺地睡著了，但是這樣的狀態，其實是有作用的。大腦在人體睡眠時還會繼續運作，嘗試找出解決方案，可能就在半夢半醒間，突然產生了一個好的想法，可以突破目前的困境。發明家愛迪生很喜歡利用淺眠期，就是半睡眠狀態來醞釀好創意。他在座椅下方鋪設鋼板，手握著兩顆鋼球，專注思考著一個創意，當他漸漸進入睡眠狀態，從手中鬆脫的鋼球應聲落地時，好的點子就此浮現腦海。記得在床邊準備紙和筆，在半夜有好的創意立刻書寫下來，隔天再根據書寫內容做創意發想。

在辦公室最輕鬆的時刻應該是下午茶時間，暫時拋下工作來杯咖啡，配上點心餅乾，大家閒聊，話題無所不談。從跟另一半的互動、辦公室戀情、主管的糗事等八卦，到各部門最新之動態，都是能觸及的範圍。Kanter 等人（1997）曾介紹奇異（GE）、杜邦（Dupont）、3M 這些以創新為發展核心的公司，都是打破組織疆界進行互動，透過漫無目的的交談來產生靈感。在麻省理工學院有一條無盡長廊（Infinite Corridor）是一條長 251 公尺的走廊，

貫穿麻省理工學院（MIT）主要的建築物，也是校園東西間最捷徑的室內路線。不同實驗室的人經常可以因走動在這裡相遇，藉著閒聊激發創意。在知識管理領域中，茶水間的對話，被認為是知識分享與知識移轉的重要方式。有愈來愈多的公司重視這個能讓員工在繁重工作中暫時逃離的祕密基地，茶水間是企業員工集體放鬆及組織成員間社交的場所。不同國家的茶水間也有不同的文化特色，日本的茶水間喜歡泡特濃咖啡，以提振加班所需的精神與體力，在寒冷的冬天還會提供感冒熱飲，趕快驅走病魔以免耽誤工作進度。而英國企業則通常提供紅茶和點心，下午茶時間絕不因工作繁忙而取消。而美國則是習慣在上午就泡好熱騰騰的咖啡，以便員工可以隨時取用，兼具提振精神與舒緩情緒的功能。科技巨擘谷歌（Google）更是打造一個有飲料、零食的員工休憩區，也可以拿著筆電在這裡討論公事，因為老闆知道創意的點子不一定是發生在辦公室，像這樣的獨立而舒適的空間，往往更能產生好的想法，提升公司員工的創造力。

三、音樂、散步有助於放鬆與思考

音樂能產生對腦波的影響，史丹佛大學的實驗發現，有高達 96% 的人對於腦波音樂有強烈的反應。澳洲墨爾本的伯利恆醫院八人音樂心理分析小組，研究音樂與人體的健康關係，並準確地選擇適合病人的音樂。結果顯示，腦波分析音樂能夠喚醒最原始創造力，激發創意思維，使人們得以淨化心靈，身心輕鬆舒暢。賈伯斯透過禪修所得到的專注力跟直覺力，就是一種 α 波，開創了許多蘋果的 i 系列產品。高德斯坦（Goldstein）建議我們可以閉上雙眼、放慢呼吸和聆聽平靜音樂來誘發腦中的 α 波，若是要達到更深層的放鬆，我們可以透過播放輕鬆音樂，讓心靈達到冥想（meditation）狀態，θ 波會在這個時候出現，能夠提升心靈創造的層次。就如同伯利恆醫院的研究，每個人要找到適合自己的音樂，來喚起 α 腦波，增進創意思考的能力。

在眾多音樂中，古典音樂不僅能提振精神，將人類心靈從塵世的喧囂中釋放出來，對於人腦吸收和記憶也有極大的影響。巴洛克（Baroque）風格古典音樂每分鐘 60-70 拍的節奏，使聆聽者可以深層專注於 α 腦波的狀態。傾聽巴洛克風格古典音樂，會立刻關閉 β 腦波（緊張腦波），促使大腦轉而產生和平開闊的 α 腦波（放鬆腦波）。巴洛克音樂的代表音樂家有：巴哈、韓德爾、韋瓦第。而跟創意思考之曲目很多，例如巴哈／G 大調第四號布蘭登堡協奏曲、韓德爾／最緩板與韋瓦第／四季（春）都是能刺激 α 腦波的音樂。工研院曾對臺灣自製的紓壓音樂進行實驗，聆聽音樂 15 分鐘後，受試者腦中 α 波平均增加 21%，由於 α 波一般是在放鬆時出現，證實聽這類平靜音樂確實具放鬆效果。每個人都能找到讓自己放鬆的音樂，但是不見得是紓壓音樂，心理師邱永林曾治療一位患憂鬱症的老太太，聽遍各種音樂都無法放鬆，直到最後聽了在眷村常播放的「中國一定強」、「梅花」等愛國歌曲，才終於放鬆。聽音樂會讓腦中 α 波升高，刺激 β 腦內啡分泌，是一種人體天然類嗎啡激素，會讓人產生幸福感。朱迺欣醫師指出，聽平靜音樂使得 α 波提高，正確的說法應是「聽平靜音樂→人放鬆→α 波升高」，而非「聽平靜音樂→α 波升高→人放鬆」，α 波升高是「人放鬆就會產生的生理學現象」。所以只要進行跟放鬆相關的活動，聽音樂、閉目沉思、散步都可以達到放鬆人體的目的。

在日常生活中，我們最容易做的放鬆活動就是走路，這包括飯後的散步，從辦公室到另一個大樓的移動，都可以用暫時放空的心情來走路。賈伯斯有邊走路邊思考的習慣，英國作家狄更斯每天走 30 英里來產生寫作的靈感，穿行在倫敦街道，經過劇院、大教堂、商店、酒館、精神病院和監獄，用散步趕走失眠和抑鬱，並為政治運動新聞業蒐集資料。德國哲學家尼采更說：「盡可能少坐著：不要相信任何不是在遼闊的戶外、在身體自由移動之際形成的念頭。」所以在戶外步行是一種習慣，也是創作來源不可或缺的元素。史丹佛大學測試，在走路期間和走路之後，人們對創造性的擴散性思考的能力表現更好，在室內或是室外走路都能產生類似的效果，走路本身就是

一件能夠激發創造力的活動。史丹佛大學 Dan Schwartz 院長表示走路會產生非常複雜的生理變化，雖不清楚為什麼走路對這麼多思想家有幫助，但是這種大步向前，不用腦的活動反而能讓大腦感到放鬆，進而可以從事其他事情。奧克蘭大學 Oakley 教授在《用對腦，從此不再怕數字》書中提到走路的好處，他不認為人們只有在專注時才能學習，事實上，走路讓人們能潛意識地以不同的方式來思考問題。走路雖然是個很無聊的活動，但卻能發揮創造力，因為無聊所以重新啟動大腦，甚至潛意識地回到之前曾經分析和學習的事情，而意外地得到解答，她自己的經驗則是因走路而跨越了許多創作過程中的阻礙。

第二節　腦海事物視覺化

一、左右腦功能與視覺化思考

日本教育學家七田真發現，左腦習慣以語言處理訊息，將看到、聽到、摸到、聞到、嚐到的訊息，轉換成語言傳達。屬於「直列處理方式」，訊息必須通過前一關，才能進到下一關，因此能處理的訊息非常有限。而右腦則有將看到、聽到和想到的事物，全數圖形化思考並記憶的能力。而右腦因為掌管思想，資訊多以圖形、圖畫或影像來處理，因為是以圖像傳達，處理大量訊息只要花幾秒的時間。右腦又稱圖像腦，能夠使用右腦的人，能記得對方衣服的顏色、花樣和全身各種細節。Maguire（2000）博士利用核磁共振攝影技術研究倫敦的黑色計程車司機，與以一群年齡相仿、智商相當、且皆為男性的非計程車司機相比較，發現這些計程車司機的海馬迴後緣，有增大的驅勢。這結果說明長期訓練與記憶一個複雜的空間區域，的確會促進大腦的結構改變，而海馬迴後緣區域，與長期空間記憶有直接的相關。而要成為黑色計程車司機必須經過嚴格的訓練，及相當多次的考試，來熟悉市區中心約三萬條的街道，及數千個景點的位置，一般人大約要花 2 到 4 年的訓練時間，來通過考試並取得駕照。研究團隊觀察其他大都市如巴黎或紐約的計程

車司機，卻觀察不到海馬迴後緣區域增大的現象。有可能是倫敦市中心街道蜿蜒交錯，是需要長期與反覆的訓練才能熟悉的。在嚴格、多次的考試篩選後，成功取得駕照者，成為複雜倫敦市區「空間知識」者，並將空間知識烙印在海馬迴後緣區域，以為長期保留。Maguire 博士又做了有趣的控制實驗，找來一群在倫敦市區的公車司機，同樣是男性、有相同駕駛經驗（年資及每日工作時間），也負責收車資、面對客人的壓力。而與黑色計程車司機明顯不同的是，公車司機每天行駛的路線固定重複，不需要隨時在大腦中記憶及反應新的駕駛路線。結果顯示，公車司機的海馬迴，甚至任何大腦區域，並未因駕駛經驗而有所改變。

　　由上述實驗可知，海馬迴後緣的增大，與黑色計程車司機重複地汲取與練習一種專業知識、發展空間圖像記憶技能有關。分子生物學家麥迪納（Medina）博士研究大腦的工作方式，提出視覺是人體最具優勢的感官。在進行視覺分析時，視網膜將光子彙集成像電影一樣的訊息河流，視覺皮質負責分區處理動作與顏色，最後綜合成為我們所看到的東西。大腦是將每個文字看成很多個小圖片，對大腦皮質來說，會把文字當作圖像傳入右腦，視覺的學習效果，就是將訊息圖片化，比口語或文字更強。我們只要將需要記憶的內容視覺化、想像這些物體，讓它們彼此產生關聯，愈是有趣古怪，會更容易回想起來。葛蘭汀（Temple Grandin）博士自幼即患自閉症，她以視覺式思考方式來理解這個世界，對圖像、光影、形體等細節的觀察力優於常人，接收的資訊都會在腦中形成（電影）畫面，例如：當聽到「狗」這個字，她所曾經見過的每一隻狗，如同圖片或電影般鮮明呈現。視覺化思考者常能注意到細節，大腦可以任意翻轉，透過各種視角來關注細節。這種視覺化思考的能力，讓她可以用牛的觀點來看世界，若是通道坡度過陡，可能會引起牛的恐懼，這種能力讓她改造了全美國幾乎三分之一的牧場設計。在資訊超載的年代，這種將資訊轉化為圖像的能力，是創意思考用來解決問題的起點。

二、視覺化思考的實務應用

　　視覺式思考（Visual Thinking）專家丹‧羅姆（Dan Roam）說，在人類的感官裡面，視力算是最發達的一種，在進行視覺化思考時，不要劃地自限。善用已有的視覺工具，就可以學會用圖像來順利解決問題。要進行視覺式思考，過程其實很簡單，分別是「觀看、觀察、設想、展示」4 個步驟，就能將看似複雜的外在資訊化為簡單圖示。「觀看」資訊，鎖定重要資訊並把其他資訊過濾掉。「觀察」歸納模式，選用可行模式並整合各項細節。「設想」用心智去發掘應該要有、卻還尚未出現的事物。向他人「展示」你的想法，並且讓這些想法變得清楚明白。而普拉爵文創執行創意總監薛良凱表示，通常「畫出來」就是一種思考轉化的過程，要用「圖像」立刻突顯我對當前這件事的理解。視覺式思考可以幫助我們將複雜的事情先以圖像化方式處理，透過分解、重組、記憶、還原等方式，幫我們「看」出問題的癥結、理出頭緒，再從大腦裡抽絲剝繭找到答案。畫家 Welty 表示她無法將「看見」和「思考」這兩件事情分開來，因為當她看見某個物品，已經想到要如何作畫，察覺到影子坐落與對顏色的影響。當她在畫橘子時，就希望觀賞者能看到鮮活的橘子與聞到橘子香氣。在《白日夢冒險王》（The Secret Life of Walter Mitty）這部電影裡，男主角華特‧米堤（班‧史提勒飾）經常出神（zone out）脫離現實生活，去編織一個白日夢情節，例如在電梯遇見併購案過渡階段經理人，想像飛天遁地海扁他一頓。隨後在等待泡咖啡時，剛好瞥見心儀的女同事，幻想自己以帥哥姿態征服冰河，像傳奇英雄般穿牆而出，像這樣隨處造夢的虛擬情節想像，就是一種圖像式思考的能力展現。

　　成大客座教授洪正幸博士提出「獨創力理論」，他將思考模式分成兩類，規則式思考與視覺式思考。規則式思考，一般人遇到問題的時候，不假思索的上網、問人，或是從工具書上尋求解決的方法，當今的普羅大眾都習慣於借助其他的力量而非靠自身的思考去找出答案，時日一久就喪失了自己找答案的能力。視覺式思考則是「眼見為憑」，當我們遇到問題的時候，若是閉上眼睛在腦海中思索，應當會浮現一幅景像，只要「按圖索驥」應當就

可找到答案，這樣的方式就是視覺式思考。天才的奧妙之處，在於他們心中有個清晰的圖像，他們看到的是整體而非片段。視覺式思考可以跳脫固有的窠臼，找到創新而且正確的答案。莫札特、愛迪生與愛因斯坦等天才，都是在心中有一個圖像以後，將這個圖像勾勒出來。莫札特在作曲時，不是分樂器分節下去做，而是在腦海中同時出現所有樂器的合奏。旅美商人王桂榮在創業之初，想找最便宜的運貨公司，當他看到招商局有新船要下水，他腦海出現的圖像是空船，圖像給了他做這樣判斷，於是他僅以五分之一價格租下空船。圖像思考方法除學的比較輕鬆且可以歷久不忘，事實上，福爾摩斯不是用邏輯推理，而是用圖像找到答案後再去找邏輯。數學家高斯，運算從 1 加到 100，很快就算出答案，訣竅在於他將數字看成圖像，如階梯一般，將這些數字倒過來，兩兩相加，都會得到相同的答案，拼湊起來就是一個長方形。天才善於將抽象的概念轉化成圖像，在心中浮現出來。視覺式思考可以是一種習慣，而不是能力。

三、視覺化思考的自我演練

　　要得到這種視覺式思考能力，只要經過刻意的練習，養成一種習慣，就可以將畫面輸入腦海。我相信很多人會在工作或休閒的時候聽歌來娛樂自己，在聽歌的當下我們可以想像歌詞的畫面，體會整首歌想要表達的意境。例如在《等下一個天亮》這首歌，有一段的歌詞是「等下一個天亮，把偷拍我看海的照片送我好嗎？我喜歡我飛舞的頭髮，和飄著雨還是眺望的眼光。」當歌詞唱到「等下一個天亮」，就會浮現太陽從海平面的那端緩緩升起，黑暗的大地頃刻亮了起來。「把偷拍我看海的照片送我好嗎？」心中可以想像，那是一個女孩用手抵住額頭專注的看海，身在其後的男友用鏡頭捕捉這個畫面。「我喜歡我飛舞的頭髮」，可以想成海風輕輕吹拂，女孩的頭髮在空中飄逸飛舞著。「和飄著雨還是眺望的眼光」，在細雨濛濛的海邊，

女孩站在岩石邊向遠方凝望，若有所思的樣子。可以先從較有畫面的歌曲開始練習，在閉目聆聽時，讓這些圖像在腦海中浮現。在上述的歌曲中，那是我在腦中的畫面，你的畫面不會跟我的一樣，因為每個人都會運用自我的想像力，在腦海裡勾勒獨特的圖像。有時候別人說過的話為什麼會「船過水無痕」，那就是因為這些話語，未曾在腦海產生畫面的緣故。如果有一次你曾經目睹一場車禍或是一次意外，相信身歷其境的你，會將這個親眼所見的事情，如檔案般的儲存下來，再向別人述說事發經過時，就像再重演一次那般的真實難忘。

　　在練習完將歌詞轉化為有畫面的圖像後，還有更高層次的練習，那就是將過去所發生的情節，如同影片般的呈現出來。《白日夢冒險王》的男主角華特‧米堤的造夢功夫是一流的，像這樣能產生鮮活有情節式的影像，就是一種較高層次的視覺式思考，因為他在短短的數十秒的時間，就可以完成一個劇情故事。比較簡易入門的方式，可以找一條你經常走的路線，想像自己從家裡出發，步行去買一瓶飲料，這時候你會經過麵食館、服飾店、藥妝店、書局、咖啡專賣店，最後到達便利商店，最後在並排而立的飲料中，挑選了你最愛的柳橙汁。這當中會經過的商店招牌，都會出現，路上你還遇到了一些路人，因為這些都是你所熟悉的，要讓這些景象浮現腦海是較容易做到的。對於我們未曾經歷過的事情，透過描述要轉換成為影像會有更高的難度。哈佛大學桑德爾教授針對正義思辨所提出的問題：「假設你是電車駕駛員，以時速一百公里在軌上行駛，看到前方軌道有五名工人正在施工，手持工具，你卻停不了，煞車壞了，你發慌，知道向前撞過去，五名工人保證通通沒命。突然你注意到，前面軌道有個分岔，分岔的軌道上也有人施工，但只有一人。你知道可以把電車轉向這一條支線，這樣只會撞死一人，卻會讓五人活命。」在你的腦海裡，是否已經看到電車駕駛員在 100 公里的時速下，看到兩條在前方分岔的軌道，直行的那端有五個工人，而在分岔的那端有一名工人在施工，於是駕駛員思考著該開向哪一方呢？這個想像是否難度又更高了呢？這也就是說明，當兩個人都看過同一部電影，當他們在討論劇

情，彼此能了解對方的觀點是什麼，若是換成僅有一位看過電影，就不容易溝通，因為沒看過電影的人，腦海裡沒有畫面，因此是很抽象的，甚至無法理解。

要培養視覺化思考習慣，有兩個需要掌握的技巧。首先是眼睛的觀察能力，多記住一些細節、特徵，並且將這些事物產生關聯性，就會產生有深刻記憶的圖像。例如在一次的聚會當中，有個人的名字叫做陳新福，人家都叫他「澄清湖」，而他最喜歡的活動就是自行車，在你的腦海會產生什麼影像呢？我會想到這位陳新福先生輕鬆的騎著自行車環繞著「澄清湖」欣賞風景。其次是想像力，對於這些既有的、有具體形象的事物容易想像，但是對於抽象的名詞，例如要如何表達「和平」與「忠誠」呢？我們可以用既有與自己所熟知的事物來作為替代，例如用和平鴿來代表「和平」，用搖著尾巴的狗來代表「忠誠」。總之，視覺化思考是種用圖像來記錄思考的過程，所形成之圖像與其先前知識和經驗有關。所以一個人經歷過的、看過的事物愈多，他腦中的圖像庫更為豐富，這營造更有利於使用視覺化思考的條件。如果你剛巧看過《煞不住》（Unstoppable）這部電影，劇情是火車在高速行駛下必須在 100 分鐘內想辦法在抵達人口最多的大城市之前將它停住。這樣的畫面可以套用在上述電車駕駛員的情景，但或許除了一人犧牲或五人犧牲情況外，還能出現第三個答案，例如猛鳴汽笛嚇跑工人。若是我們有想不通的問題，可以在腦海建構一個包括整個問題的全面圖像，或許他日遇到某一個成熟的機會，就可以產生創意，讓這個問題迎刃而解。

第三節　日常創意練習

一、創意產生步驟和頓悟模式

楊傑美（James Webb Young）是公認的廣告大師，他曾在智威湯遜廣告公司服務 52 年，他發現了一個真理，創意可以跟汽車製造一樣，用生產線的方式來產生創意。他歸納出創意生成的五個步驟，首先是資料蒐集，不論

是特定資訊或是一般資訊都保持好奇心，許多片段的想法與知識會隨著蒐集資料、分類、分析等過程，慢慢呈現清晰的輪廓。其次為消化、咀嚼、吸收資料，把每一個想法、概念、素材從不同角度翻轉，甚至兩個毫不相關的素材可以放在一起。第三階段放鬆自己，從事如聽音樂、看電影、讀小說、散步、泡澡等活動，讓潛意識接手，靜心的等待。第四階段為創意的誕生，不用刻意安排時間深入思考，創意會自己來敲門。可能在泡澡、跑步、閒聊間，靈感就會在某一個瞬間產生。牛頓被掉落的蘋果，敲出萬有引力的推理，阿基米德在泡澡時，剎那間了解浮力原理可以解決皇冠黃金純度的問題，都是創意在不預期時突然迸出，這就是一種頓悟的狀態。最後階段是創意的修正，不要害怕告訴別人，和更多人分享你的創意。許多意見與想法會出現，可以讓這個創意變得更完整。

當阿基米德跳出浴缸，衝向大街說著「Eureka，我找到了！」這個傳頌兩千年的故事，說明了我們會有突然領悟某些事物的道理。心理學家所說的「頓悟」是一種感受強烈的經驗，加深對研究議題的了解，能帶來心靈啟發與獲得實質的成果。可是頓悟的心理歷程多半是無意識的，很難去監控和預測想出解決方法何時會闖進意識裡。心理學家馬克·畢曼、約翰·庫尼歐斯對於「頓悟能力」——瞬間洞察力進行深入探索，發現右腦的「遠距聯想」和「另類詮釋」功能是頓悟的關鍵，而創意的靈光是可以營造和練習的，苦思無解的工作者，可以切換到「頓悟模式」，尋找放鬆自我的方式。例如通勤族花幾分鐘在車廂內閉目沉思，製造對外隔絕的情境，透過淋浴時打開心智，讓想法流動通暢，釋放腦中的創意潛力，用快樂心情來迎接隨時飛來的靈感。跳脫框架來看待事物，也是讓創意能被啟發的關鍵。聖地牙哥的 El Cortez 旅館，由於原先的電梯已無法負荷日益增加的房客，飯店老闆請來工程師和建築師，決定從旅館大廳開洞到頂樓，為了安裝新電梯，飯店必須停業半年。這時警衛路過時聽到對話，加入討論，警衛說：「這樣會讓旅館到處充滿灰塵、石灰和磚塊，施工期間關閉旅館，造成很多人會因此失去工作，為什麼不把電梯建在旅館外面？」於是第一部飯店室外電梯就這樣誕生

了。聯合國的研究報告顯示，到了 2050 年，全球的糧食生產需至少提高 50%才能養活 90 億人口。然而氣候變化可能會使農作物至少減產 25%。如果一直著眼於如何提高糧食單位生產量，將無法解決未來的糧食問題。因此聯合國糧農組織（FAO）嘗試尋找食物來源，發現昆蟲的蛋白質、礦物質含量與肉類相同，鼓勵人們多吃蚱蜢、螞蟻、甲蟲、黃蜂等昆蟲，除了富含營養與美味外，養殖成本低、繁殖快速，產生的溫室效應氣體遠低於牛、豬等牲口，可解決饑荒、減少汙染，並有助於對抗肥胖，一舉數得。這兩個例子，說明了跳脫既有框架，來產生創意來源的重要性。

二、用刻意練習來提升創意能力

在我們獲得創意能力之前，是需要經過刻意練習才能成就的。創意的天分很重要，但是只要有心，這個能力是可以透過刻意培養而熟練進步的。創意能力是需要不斷練習才能練就功夫的一種專長。葛拉威爾（Gladwel）認為成就一種專業，需要一萬個小時以上的練習，若以每天練習 3 小時計算，總共需要十年才可以成功。莫札特在 6 歲開始學作曲，先學習改編他人作品，到了 21 歲終於寫出最具原創力的經典作品──第九號鋼琴協奏曲。芬蘭的 Rovio 公司幫其他廠商製作遊戲，也同時開發自己的遊戲，在做出 Angry Bird 遊戲之前，他們已經失敗過 50 幾次，花了近十年的時間才開發出受到熱烈歡迎的產品。Ericsson 和 Pool 主張，天賦其實是人類大腦和身體的適應力，只要透過正確的練習，亦即「刻意練習」，每個人都能突破潛能。就拿小提琴這項被認為需要「天賦」的音樂才能，研究發現在所觀察的三組學生之間只有一個重大差異，就是投入自行練習的總時數。「優等」組學生到 18 歲時所累積的小提琴平均練習時數為 3,420 小時，「傑出」組學生平均練習時數為 5,301 小時，「頂尖」組學生平均練習時數是 7,410 小時，這個研究結果說明了，要成為傑出的小提琴家必須投入數千個小時的練習，沒有特殊捷徑。

盲棋是一種高度倚賴視覺化思考能力的遊戲，下盲棋不用棋盤、不用棋子來下棋，西洋棋、象棋、圍棋皆然。對弈的棋手將棋局的圖像烙印在腦海中。8 段象棋高手趙奕帆，經過七年的反覆練習後，從最初的 1 對 7，增加到同時能與 26 人對弈。NBA 的三分球明星射手柯瑞，他在平日訓練就將距離拉到在接近籃球場地半場有球隊 Logo 的地方投籃，是他所獨創的「Logo Shot」，因為對柯瑞來說，三分線太近了。他的投籃練習是從各種角度亂丟，救球式奔跑、空中單手接球後投籃，只要 0.1 秒空檔，就可以出手命中。且他從起跳到出手平均 0.4 秒，遠快於一般球員的 0.54 秒，這些都是要靠刻意練習才能趨近完美，而創意思考也需要刻意練習，運用適當的練習方法，每個人都能改善技能，開發自己的潛力，達到巔峰表現。

《練習一》敏銳觀察能力

經常做觀察能力的練習，能提高我們對外界事物的敏感度，用銳利的眼光練就觀察入微、明察秋毫的能力。觀察能力強的人，能從一般人視為常態的事情中去發現不尋常的細節。牛頓坐在蘋果樹下，當蘋果打在頭上時，他抬頭看了天空，思索著為什麼蘋果往下掉而不是飛上天，因而發現了萬有引力定律，更進一步推導出一切物體間都有引力。而引力的大小與物體質量成正比，與相距的距離成反比。瓦特小時候看見火爐煮著開水，滾開的水所發出的蒸汽會將壺蓋頂開，刻意放回去後又很快被頂開了，他反覆觀察思索為什麼？他體悟到蒸汽的力量，並運用於動力上，對蒸汽機進行重大改革，大幅提升了蒸汽機的效率。奧地利科學家魏根納（Wegener）在住院期間，看著掛在牆壁上的世界地圖，發現大西洋兩岸恰好呈現凹凸相反的海岸線，歐洲、非洲、南北美洲四塊大陸向南及周圍集中，且可以完整拼湊成一塊大陸，認為在遠古時期，南美洲、非洲、印度次大陸和歐洲原本是一整塊的古大陸，因而提出了大陸漂移學說。福爾摩斯初次見到華生時，從他具有醫務工作者的風度與軍人氣概，皮膚黝黑、面容憔悴、肩膀受傷等特徵，立刻辨別出華生是一名去過阿富汗的軍醫，靠的就是過人的觀察能力。

從日常生活中用心觀察，也常是發明家的創造來源。美國的房地產仲介索瑞森（Sorensen）在 1991 年發明了咖啡杯的隔熱護套，起因是某天喝咖啡時，咖啡杯太燙，導致翻倒而燙傷大腿。因此設計隔熱護套，用厚紙板裁剪成環狀杯套，並將發明在西雅圖參展。相信很多人都有打翻過熱飲料的經驗，但是唯有索瑞森創造了隔熱杯套。雞精在 1976 年就引進臺灣，最早的開瓶方式甚為繁瑣，要先解開瓶蓋外環鐵片，再利用環狀鐵片三角尖端往瓶蓋邊緣插進，讓空氣跑進瓶內解除真空吸附狀態，瓶蓋才得以打開。而 1977 年就存在玻璃瓶與爪蓋的技術，這項食品包裝的發明，首先應用在玻璃瓶身的醬瓜，瓶蓋附有真空安全鈕，非真空狀態中間的安全鈕就會浮起來。而雞精業者在二十多年後，才將玻璃瓶與爪蓋運用在雞精的包裝上，這兩者之間的連結，竟然要經歷這麼長久的等待。我們可以從身邊的事物、所處的環境來訓練自己的觀察力。善用五官的感受，增強這五種感覺的敏銳度，用眼睛瀏覽周圍環境，刻意地觀察人或事物的特徵，察覺其中的變化，例如觀看人的穿著，從整體服裝、身上的配件、鞋子，記住這些細節。用耳朵去聽各種不同的聲音，分辨各種不同的聲音，了解聲音的來源，例如聽到垃圾車的聲音，可以分辨大約的方位、判斷距離，別人交談時，用聲音的特徵分辨是誰在說話。用鼻子去聞各類物品，去感受金屬的味道、辦公椅的皮料味道、地毯的味道，以及這些物品跟你的相對距離。例如香水調香師要在每天不斷的嘗試中，去發現契合特定族群的味道。

《試試看》

　　1. 選擇一咖啡廳，坐下來觀察店內消費者，他們在做些什麼？注意他們所傳達的身體語言、情緒起伏、交談內容，用這些眼睛、耳朵蒐集到的資訊來判斷他們的職業、關係。

　　2. 找一部外文電影不要開啟字幕，由角色所呈現之肢體語言、聲調、周遭情境，利用這些線索來解讀電影的內容，事後再閱讀相關的劇情內容，來了解自己的判斷能力。

3. 走進一個空間，辦公室、商店或是餐廳，看了數秒鐘之後，閉上眼睛試著回憶你所看到的東西，並盡可能地想起細節與特徵，可以寫下記憶的事物，之後再做對照，憶起與遺漏的部分。

4. 用視覺式思考的方式，將白天所發生較特別的事情，例如同學或同事之間的爭執或是午餐的聚會活動，將這些情節一幕一幕的回想，就像電影情節般的重播一次。

《練習二》跳脫框架能力

打破既有框架，才能使我們用全新的視野來看待舊有的事物。從過去以來，我們到餐廳看著菜單與價格點餐，吃完飯後再到櫃檯結帳付費，這是我們所熟知的模式。而在這種消費模式之外，還是存在著許多可能。在美國及加拿大有超過 1,600 家分店的輕食餐廳「帕內拉麵包」（Panera Bread），2010 年 5 月在密蘇里州聖路易市郊開設第一家「自訂餐費」餐廳。店內菜單不標價格，也沒有收銀機，讓顧客自行決定付款金額。這種「依能力支付」（pay-what-you-can）的概念打破了企業從社會牟利的迷思。對經營咖啡廳的業者而言，若是消費者只買一杯飲料就待上一整天，總覺得不甚合理，以消費者的角度來看，若是買第二杯飲料又會覺得太花錢，那麼是否存在著對雙方都覺得公平的計價方式呢？在英國倫敦的 Ziferblat 咖啡廳，以停留店內時間作為收費的標準，提供了一種新型態的計價模式。Ziferblat 以一分鐘 6 便士（折臺幣約 2.4 元）計時方式，提供無限量供應的食物、飲料、桌遊、無線網路。Ziferblat 咖啡廳的門口寫著：「除了你在這裡所花的時間，所有的東西都是免費的。」這種計價方式，使得消費者能留意自己在咖啡廳花了多少時間，平均每個人在店內待了 83 分鐘（大約是 200 元），創造了另一種社會公平。

如果我們習慣某種材料只能用來生產特定的產品，基本上我們已經限制了產品發展的各種可能性。例如不織布一般是拿來做紙尿褲、看護墊、衛生棉、濕紙巾和口罩等用途。有家臺灣的包材供應商，用不織布來當微波便當

提袋，透過切割產生出適當的紋路，可以適用在所有大小形狀的便當盒上，日本觀光客還特地將提袋帶回日本做紀念。如果我們只停留在不織布作為個人貼身衛生產品的觀念上，就不會有這樣的產品問世了。而在 2007 年推出觸控螢幕的智慧型手機 iPhone 之後，微軟前執行長鮑默（Steve Ballmer）就曾嘲諷 iPhone「一支手機綁約還要 500 美元，而且沒有鍵盤？又貴，吸引不到商務人士！」事實證明「沒有鍵盤」的大螢幕觸控手機成為主流，擊垮當時的手機龍頭 Nokia，造成業界競相模仿。我們回想愛迪生發明留聲機後，影音產品的進程，由黑膠唱片被錄音帶所取代，其後 CD 片發明，錄音帶漸漸退出市場，近年來數位化的影音檔案成為主流產品。而這些影音產品都是來自不同的科技運用，是一種「破壞性創新」，因此跳脫改良舊產品的框架，才能創造全新的產品。

《試試看》

1. 現在自助餐廳只有兩種計價方式，第一種為目視法，由櫃檯人員依菜量、魚肉種類來計價。第二種為依重量計價，素食自助餐廳多採用這個方法，請你想想看第三種計價方法。

2. 我們都知道少子化是臺灣的人口趨勢也是問題，多年來政府的鼓勵生育政策並未奏效，請你想出一個不同的方法來解決這個社會問題。

3. 如果某都市即將舉行大型的運動賽事，預估將會有超過百萬的外國遊客，而這個都市沒有足夠的旅館容納所有觀光客，且比賽即將舉行，擔任賽事住宿組組長的你會如何處理這個問題。

4. 海拔僅有 0.9 公尺的馬爾地夫，是世界上海拔最低的國家。因為全球暖化，60 年來海水上升了 30 公分，請幫忙想出一個可行的解決方案。

《練習三》類比思考能力

類比（Analogy）是一種認知過程，將某個事物代表的訊息轉移到其他事物上。類比透過比較兩件事物，釐清兩者間的相似點，並將已知事物的特

點，運用到其他未知事物中。類比是一種重要的思考模式，當我們想創造事物而又腸枯思竭時，就可透過類比，從自然界或人造物中，直接尋找類似的對應物，例如藉由蝙蝠的飛翔原理，去進行聲波傳達的測試，進而運用在偵測機上。美國工程師惠特尼（Whitney）在研發潤滑劑時，憶起小時候街道的行人踩到香蕉皮而滑倒的情境。因而思考香蕉皮為何那麼滑？這其中一定有著某種祕密。他將香蕉皮放在顯微鏡下仔細觀察，發現香蕉皮是由上百個薄層所構成，薄層間結構鬆散且富含水分。做了幾年的實驗之後終於發現了二硫化鉬的化學物質，潤滑程度等同於香蕉皮的百萬倍，此種新型潤滑劑至今仍普遍應用於工業和軍事上。克卜勒（Kepler）認為太陽是太陽系的動力來源，太陽發射的動力隨著距離減弱，當行星靠近或遠離太陽，運動會加快或減慢。行星的運動速度與它距太陽的距離成反比，之後運用幾何速率法則，經歷大約 40 次的嘗試失敗以後，最後發現橢圓形軌道適用於火星的數據，再將其結果透過類比方式推論出所有行星都以太陽為中心進行橢圓形運動，即今日所稱「克卜勒行星第一運動定律」。

聽診器是內外婦兒科醫師最常用的診斷用具，而這項工具的發明也是一項類比的過程。在 1816 年的冬天，法國醫生雷奈克（Laennec）為一位貴族小姐診病，她看來面容憔悴，緊皺著雙眉，手摀著胸口，在訴說病情後，雷內克醫生懷疑她患有心臟病。當時的醫生都是隔著一條毛巾用耳朵直接貼在病人身體的適當部位來診斷疾病，然而這個方法並不適合於眼前的這位小姐。雷內克醫生在客廳踱步苦思冥想，突然腦中浮現幾天前他在巴黎街道旁，看著幾個孩子在木料堆上玩耍，其中有個孩子用大釘敲擊木料，叫其他的孩子用耳朵貼在木料的另一端來聽聲音，問說：「聽到什麼聲音了？」後來雷內克醫生也跟孩童一起玩著這個遊戲。當想起這個畫面時，他馬上叫人將一張厚紙緊緊地捲成圓筒，一頭按在小姐心臟的部位，另一頭貼在自己的耳朵上。果然，貴族小姐心臟跳動的聲音，甚至輕微的雜音都被雷內克醫生聽得一清二楚，後來用空心木管做出了全世界第一支聽診器。曾編劇《玩具總動員》（Toy Story）、《怪獸電力公司》（Monsters, Inc.）、《海底總動

員》多部賣座電影的安德魯‧斯坦頓（Andrew Stanton），在設計瓦力造型時遭遇瓶頸。瓦力是留在地球上的最後一個機器人，但是如何讓機器人的表情豐富，實在令人費解。就在某一天觀看棒球比賽時，當他向鄰座借了一副雙筒望遠鏡時，不巧他將望遠鏡拿反了，近距離的觀看讓他覺得反過來的雙筒望遠鏡像一張臉，於是瓦力的臉就此定型。

《試試看》

1. 選擇活躍方式在兩個地點之間移動，是新加坡上班族的移動準則，電動滑板車已經成為新加坡日常生活及通勤中當紅的代步工具，你覺得這樣的工具還能應用在哪些地方？

2. 共享經濟為閒置資源提供再次分配，讓有需要的人得以較便宜的代價借用資源，因而出現了共享單車、共享汽車、共享飲食、共享行動電源等新經濟現象，你還想到了哪些可以共享的事物嗎？

3. 現在很多科技公司和大車廠正在發展無人駕駛技術，未來行車將更為安全，開車的時間變成工作與遊樂的時間，像這樣自動駕駛的技術你還想到了哪個可以應用的領域嗎？

4. 墨西哥捲餅（Burrito）原來是將肉、豆、生菜、碎奶酪等加上 salsa 醬，再將薄餅捲起來。進入臺灣後改為加入甜麵醬、黃瓜條等佐料，以符合在地口味。試著想出臺灣的小吃可以改良後進入國際市場的食品。

《練習四》逆向思考能力

逆向思考是相對於正向思考的一種思維能力，通常我們解決問題會沿著習慣的路徑去做思考，而逆向思考則是違背慣有的路線去思維。有時候按照熟悉的常規去思考，能找到令人滿意的解決方法，但是對於某些利用正向思考卻不易找到答案，若在此時擺脫常規羈絆改用逆向思考，反而會有意想不到的收穫。在印度常有戴帽子的婦女去看電影，但是帽子常擋住後面觀眾的視線，但是電影院經理沒有貼出禁止戴帽的公告，而是在影片放映前，在

銀幕打出：「本院照顧衰老體弱的女客，可允許照常戴帽，放映時不必摘下。」然而這個公告，卻讓所有的女客都摘下了帽子。其實遠在宋朝「司馬光讓水離人」的觀念，及時打破水缸救了小孩一命，也是一種逆向思考的運用。阿里巴巴集團創辦人馬雲有個單手倒立的絕技，他說：「當你倒立時，世界會變得不一樣。」淘寶網的員工，都必須在 3 個月內學會靠牆倒立，甚至還設置「倒立室」供員工練習。馬雲在做決策時經常打破常規，如果 90% 的人都說某個方案好，對手一定早也想到，機會肯定不屬於我們。所以他喜歡做一條往反方向游的魚，他領悟到換一個方向，也許就是最先抵達終點的那個人。

　　當我們用正向思考解決問題，卻得不到合適的解答時，可以將問題倒過來看，從問題的結果朝著原因方面推理，或許就能茅塞頓開，問題迎刃而解。加拿大的一家公司職員格德約，有天不小心打翻了一個瓶子，瓶中的液體潑在一份重要文件上，文件雖被汙染但是字跡還是清楚。他拿去影印後，文件被汙染的地方變成黑色斑紋。正當他在發愁時，閃過一個念頭，何不將這種液體拿來防止盜印文件。於是，他以這種液體為基礎，研發了特製的防影印紙，一種能寫字列印但卻不能影印的特殊紙張，隨後設立了「加拿大無拷貝國際公司」，專門生產這種防影印紙，結果供不應求。美國知名的程式設計師彼得・諾頓（Peter Norton），開發了可以「恢復刪除」的軟體，救回那些被意外刪除的電腦文件，解決了文件工作者的煩惱，這套軟體賣了 3 億美元。如果你借錢給別人，但是不小心弄丟了借據該怎麼辦呢？「哈桑借據法則」提供了一個讓人驚豔的解決方法。一位商人向哈桑借了 2,000 元，並且立下借據。就在還錢期限快到的時候，哈桑突然發現借據弄丟了，令他焦慮萬分。他的朋友納斯列金知道此事後對哈桑說：「你寫封信給這個商人，要他到時候把向你借的 2,500 元還給你。」哈桑聽了迷惑不解，但是他還是照辦了。信寄出後，很快就收到了商人的回信，他在信上寫道：「我向你借的錢是 2,000 元，不是 2,500 元，到時候就還你。」

　　在美國高速公路旁有家連鎖餐廳，平日言行舉止粗曠的哈雷（Harley

Davidson）機車騎士喜歡在餐廳前的廣場聚集，因而影響原本想要到餐廳消費的客人。因為哈雷騎士只是群聚抽菸並未違法，無法以法令或警察驅趕，但是餐廳生意確實受到了嚴重的影響。而餐廳經理在久思未解後，卻也突發奇想，所採取的對應方式竟然是在廣場播放莫札特、蕭邦等古典音樂，這與重型機車騎士所偏好的搖滾音樂格格不入，慢慢地這群哈雷愛好者轉移陣地，而餐廳也恢復往常的熱絡景象。另一個逆向解決方案則發生在英國，在北德文（North Devon District）的大羊遊樂園（The BIG Sheep），有一座「最大、最高、最快」的全新雲霄飛車，但是遊客因刺激而產生的尖叫聲，卻嚴重干擾了附近居民的安寧，因而在雲霄飛車開放期間，就豎起「禁止尖叫」的告示牌，請求遊客「享受風景的同時也別忘了愛我們的鄰居，請不要喊叫或尖叫。」這樣的做法其實是有違人性的，但是遊客也由於這種新鮮感，口耳相傳反而使得更多人樂於挑戰這種乘坐禁聲雲霄飛車的快感，使得遊樂園聲名遠播，經常大排長龍。這個方法既能創造出不同的搭乘體驗，又能讓附近居民免於噪音與干擾，維持良好的生活品質，成功地解決問題又創造巨大的利潤。

《試試看》

1. Google 研發的圍棋程式 AlphaGo 和世界排名第一的中國棋王柯潔對戰後取得全勝，你覺得人和機器還可以怎麼玩？

2. 人工智慧時代即將來臨，非專家的工作者很多將會面臨失業。未來十年，大部分今天的人類工作可被機器取代，你有什麼逆向思維嗎？

3. 為了保障民生與工業用電的足夠，公務部門實施下午一至三點關閉冷氣的措施，來防止產生限電危機，這是唯一可行的做法嗎？你有不同的觀點嗎？

4. 長期以來，大學入學方式，從聯考到推甄、繁星推薦到申請入學，二十多年的教改，每一次變動都讓家長和學生痛苦不堪，你有不同的解決方案嗎？

《練習五》自由聯想能力

自由聯想（Free Association）原本是佛洛伊德進行精神分析方法，讓病人在一個比較安靜與光線適當的房間內，躺在沙發床上隨意進行聯想，腦海裡浮現什麼就說什麼，不管是不合邏輯、非常無聊、非常可笑或毫不相關都能表達出來。自由聯想能讓我們思路敏捷，若是每天花 10 分鐘，選擇一個安靜的環境進行自由聯想。這個方法可以活絡我們的大腦，提升創造能力。賈伯斯曾經說過：「創造力不過是將一切事物連結起來的能力，能夠連結自己過往的經驗，就可以進而組合出新的事物。」所以自由聯想是將學過的知識，或過往的經驗中，運用聯想的技巧，去尋找並發現事物間新而有意義的連結關係，這種聯想關係就曾發生在製造運動鞋的過程。1970 年的某天早上，當 Nike 創辦人 Bill Bauerman 和妻子在做早餐時突發奇想，何不拿液態橡膠混合物，用鬆餅器來烤製運動鞋底，因而開發出格狀的防滑鞋底。3M 公司便利貼的發明，也是來自偶然的聯想。Silver 博士在 1968 年時，負責研發超強黏著劑，但是這種黏著劑貼上還是可以撕下來，他將這個困擾告訴了 Fry 博士。Fry 博士是當地教堂唱詩班的成員，在練唱時常用紙片做書籤，但紙片卻總是掉下來。在某次週三晚上唱詩時，他想著是否可以把書籤黏在歌詞本上，在撕下來時不會損壞書頁呢？於是他想到了 Silver 博士的發明，便利貼就以這樣的功能問世了。

當你看著小孩在浴缸裡玩著小鴨，你有什麼特別的想法嗎？1992 年一艘由香港航向美國的商船，因遇暴風浪，貨櫃被打下海，黃色小鴨等沐浴玩具，自此在海上長期漂流，開啟了日後美、英等國的「黃色小鴨漂流競賽」。荷蘭藝術家霍夫曼（Hofman）於 2007 年在法國藝術展，將黃色小鴨等比例放大，希望能藉由這個展出，傳達黃色小鴨溫柔善良的心靈療癒效果，自此以後受到各國邀請，在知名港口展出。一位居住在巴西聖保羅的德國人帕佛（Pavel），有天跟朋友聚會時突發奇想，想要一種可以邊走邊聽歌的音樂裝置。於是他自己買了耳機及答錄機，不斷反覆嘗試，終於在 1972 年

成功研發可固定在皮帶上、使用耳機的「Stereobelt」，這就是隨身聽的發明過程。其實在服務業也是有很多自由聯想的空間，像得來速（Drive-through）的概念大約在 1930 年代開始出現，加州的 In-N-Out Burger 在 1948 年正式導入得來速的服務。點餐時只要透過麥克風，顧客在結帳窗口付費，到下一個窗口取餐，簡便又快速，後來得來速的服務也出現在銀行、藥房、咖啡店。SONIC 速食連鎖餐廳再將得來速進行服務創新，開創 Drive-in 供顧客點餐，只要把車開入專用停車場，用車旁的點餐系統向內部人員點餐，付款完畢後，就會有穿著直排輪的服務人員將餐點送到車旁，可以在車上享用，或是戶外用餐區食用。

《試試看》

1. 日本「奇怪的飯店」，在臺北開業，可以聽懂四種語言的「機器人」，幫顧客掃描護照，快速地辦住房手續，你認為這樣的機器人還可以擴及到哪些行業？

2. 南韓統計發現，有多達 520 萬是 1 人戶，比 2 人以上要高出許多，意外造就單身經濟效應，像是推出迷你單人家電，1 人份微波食品，你還想到了什麼單身族群商機嗎？

3. 特斯拉汽車執行長馬斯克（Musk）強烈推薦在城市下方挖多層隧道，來改善交通擁擠的都市現況，你認同這個方法嗎？你還有什麼其他的想法嗎？

4. 日本膠囊旅館捨掉傳統旅館服務，僅提供睡眠的功能小空間，而最近大陸正在熱議「共享睡眠艙」，無人管理，自行掃碼便能進入，你認為還有其他適合膠囊式服務的行業嗎？

重點回顧

● 淋浴可以說是一天中最能獨處且放鬆的時刻，72%的人在淋浴的時候能有靈光一現的創意點子。

● 不同實驗室的人藉著閒聊激發創意。茶水間的對話，是知識分享與知識移轉的重要方式。

● 閉上雙眼、放慢呼吸和聆聽平靜音樂來誘發腦中的 α 波，每個人要找到適合自己的音樂，來喚起 α 腦波，增進創意思考的能力。

● 在走路期間和走路之後，擴散性思考的能力表現更好，走路本身就是一件能夠激發創造力的活動。

● 視覺的學習效果，就是將訊息圖片化，我們只要將需要記憶的內容視覺化、想像這些物體，讓它們彼此產生關聯，愈是有趣古怪，會更容易回想起來。

● 當我們遇到問題的時候，若是閉上眼睛在腦海中思索，應當會浮現一幅景象，只要「按圖索驥」應當就可找到答案，這樣的方式就是視覺式思考。

● 我們可以從身邊的事物、所處的環境來訓練自己的觀察力。善用五官的感受，增強這五種感覺的敏銳度，用眼睛瀏覽周圍環境，刻意地觀察人或事物的特徵，察覺其中的變化。

● 打破既有框架，才能使我們用全新的視野來看待舊有的事物。如果我們習慣某種材料只能用來生產特定的產品，基本上我們已經限制了產品發展的各種可能性。

● 當我們想創造事物而又腸枯思竭時，就可透過類比思考模式，從自然界或人造物中，直接尋找類似的對應物，來尋求問題的解決方式。

● 當我們用正向思考解決問題，卻得不到合適的解答時，可以將問題倒過來看，從問題的結果朝著原因方面推理，或許就能茅塞頓開，問題迎刃而解。

● 自由聯想能讓我們思路敏捷，若是每天花 10 分鐘，選擇一個安靜的環境進行自由聯想。這個方法可以活絡我們的大腦，提升創造能力。

習題

1. 在某個都市的摩天大樓電梯速度緩慢，引起大眾的撻伐，因此請來工程師解決這個問題，你會如何解決這個問題呢？
2. 將你遭遇的問題記下來，在睡前想著這個急欲解決的事情，讓潛意識發揮作用，在睡夢中尋找靈感，看能發現什麼？
3. 英文打字機在個人電腦上市後，逐漸失去優勢被電腦替代，2012 年正式走入歷史，你能賦予這個舊產品新的功能嗎？
4. 在臺灣，麥當勞得來速的消費流程是在入口的窗口透過麥克風點餐，結帳窗口付費，在出口的窗口取餐，你能想到還有更快速的通關方法嗎？
5. 快遞業者是以快速送件為競爭條件，最怕的是遇到尖峰時刻，擁塞的交通大幅降低了車輛的流動，有什麼方法可以解決這個現象？

參考文獻

朱芷君（2011）。大腦愈開心，學得愈好！高效學習 6 個祕密。康健雜誌，125 期。

陳家金（2013）。腦波分析與腦波音樂對人們的影響，UDN 部落格。

尼可拉斯（2012）。念力——讓腦波直接操控機器的新科技（楊玉齡譯），天下文化。

黃嬿（2017）。走路促進思考，專家：讓大腦無聊反而激發創造力，科技新報二月份。

何定照（2009）。聽音樂放鬆腦中 α 波升高；人放鬆就會產生 α 波，聯合報，2009/01/21。

簡正鼎（2012）。倫敦計程車司機的海馬迴，中央研究院週報 1378 期。

七田真（1997）。超右腦革命（劉天祥譯），中國生產力中心。

蔣星五、游磊（2003）。第一靈感，上海：少年兒童出版社。

劉玉瑛、段小衛（2006）。溝通能力的提升與自測，北京：中共中央黨校出版社。

吳甘霖（2005）。方法總比問題多：打造不找藉口找方法的一流員工，北京：機械工業出版社。

吳怡萱（2010）。運用半睡眠狀態，學愛迪生從鋼球找創意，30 雜誌，第 071 期。

Anders Ericsson & Robert Pool（2017）。刻意練習：原創者全面解析，比天賦更關鍵的學習法，臺北：方智。

Fred Hapgood, F. (1993). Up the infinite corridor: MIT and the technical imagination, Boston: Addison-Wesley Pub.

Goldstein, B. (2016). Music and the Brain: The Fascinating Ways That Music Affects Your Mood and Mind. Conscious Lifestyle Magazine (Summer).

James Webb Young（2015）。創意，從無到有，許晉福譯，臺北，經濟新潮社。

John Medina（2009）。《大腦當家：靈活用腦 12 守則學習工作更上層樓》，洪蘭譯，臺北：遠流。

Kanter, R. M., J. Kao & F. Wiersema (1997). Innovation: Breakthrough Thinking at 3M, GE, DuPont, Pfizer, and Rubbermaid. New York: HarperCollins.

Keith Harary, K. & Weintraub, P. (1993). Right Brain Learning in 30 Days: The Whole Mind Program, New York: St. Martin's Press.

Malcolm Gladwell（2015）。異數：超凡與平凡的界線在哪裡？譯者：廖月娟出版

社，臺北：時報。

Mark Beeman & John Kounios（2015）。用科學打開腦中的頓悟密碼：搞懂創意從哪來，讓它變成你的 The Eureka Factor，譯者：駱香潔出版社，臺北：商業周刊。

Mehta, R., Zhu, R. J., & Cheema, A. (2012). Is noise always bad? Exploring the effects of ambient noise on creative cognition. *Journal of Consumer Research*, 39, 784-799.

Michael Sandel（2011）。正義：一場思辨之旅，樂為良譯，臺北，雅言文化。

Oakley B.（2015）。用對腦，從此不再怕數字：學會如何學習，以及如何創意思考，解決所有的問題，黃佳瑜譯，臺北：木馬文化。

Otis, L. (2016). A New Look at Visual Thinking, Psychology Today, Feb.

Smith, J. (2015). 72% of people get their best ideas in the shower-here's why. Business Insider, Jan. 14, 2016.

Temple Grandin（2012）。星星的孩子：自閉天才的圖像思考，譯者；傅馨芳，臺北：心靈工坊。

Wallas, G. (1926). *The arts of thought*. New York: Harcour Brace and World.

作者簡介

蔡玲瓏

成功大學企業管理博士，現任國立屏東大學文化創意
產業學系專任副教授，開授大學部產品創新與開發，
及碩士班產品與服務創新發展研究等課程，曾任屏東
教育大學研究創新社群召集人，舉辦創意與創業相關
之工作坊，多次帶領學生參加跨校創新競賽與獲邀擔
任創意競賽之評審。

第二篇

創意思考與文化創意產業

5 創意設計的技術

　　本章重點是在分析創意如何運用在設計實務上，並以形式、內容、媒材所分析歸納出的目的功能性，以創意方式所得出的技術用來解決設計問題，最後透過熟稔設計的流程予以運用創意，進而掌握創意，為本章學習目的。

導論：設計是一種運用創意解決問題的「技術」

　　什麼是「設計」（Design）？起初該詞原意與藝術型態有關，後來定義為針對個案的構思計畫（陸小彪，2013）。「設計」一詞，最早出自於 1919 年包浩斯學校（Staatliches Bauhaus）的建立並沿用至今，迄今儼然演變為優質生活品質的代名詞。它是一門多元化領域（Aspect），亦是技術（Technology）的化身，是美學（Aesthetics）的表現和文化（Culture）的象徵（林崇宏，2015）。

　　我個人多年的經驗裡；認為設計是一種「有目的性的創作構思（Ideas）」，是一種運用心智、邏輯、統合與技術的思考過程，這種思考過程帶有「想像」成分極重的比例，而這個想像，在設計人則稱為「創意」（Creativity）。

　　想像比知識還重要，因為知識定義了我們目前已知與了解的一切，而想像卻讓我們發現新事物與創造一切。

──愛因斯坦

所有的設計都是為了解決問題，創意就是解決問題的能力。所以它必須善用各種解決問題的知識與技術，我常在課堂上提醒同學，這也是一個很重要的觀念，我們所有的設計是為了解決某個特定情境（個案）的需要。但是因為設計也重美觀，是為應用目的而從事的創作活動，很多人都會將它跟藝術搞混，殊不知這有其本質上的不同，設計必須滿足形式、內容與媒材所含括的經濟性、技術性、應用性、需求性、美觀性等多元價值目的，須符合大眾的生活需求層面，而藝術則無需考慮其「實用性」，其差異在此分別。

　　故：設計是為解決某種需求的思維過程，因此能以別出心裁的、經濟的、效率的、美觀的技術與思考模式解決問題就是創意設計。

第一節　創意設計的線索與構思

　　許多設計師都說：「設計是憑直覺。」意味這是要天分的，真是這樣嗎？會那麼讓人扼腕嗎？個人認為這種「直覺」並不是天縱英才，而是多年累積的知識和經驗匯集，也是我們在生活中不斷觀察、分析、歸納、總結，找出問題，透過檢視、反覆試驗與修正後，才能發揮出我們腦中潛能獨到的思維模式，來實現人們讚嘆的「創意」。這是一個不斷迴圈的思維過程，只有經過許多失敗與成功的案例經驗後，我們方能敏銳獨到的掌握住重點，進而決定用何種方法完成任務，最終達到思維的創意體現（蔡蕾，2011）。

　　當今「文創」當道，什麼東西只要套上文創，好像就是流行、就是潮、就能保證賺錢發財。故有人戲稱「文創是個框，什麼玩意兒都往裡頭裝」。這或許點出了當今文創的一些問題，也是大多數人對文創的誤解。所謂的文化創意（簡稱文創）；相信本書中已有其他作者解釋了，本人就不再贅述。然而設計的領域很廣，本章將以淺顯不冗長的方式，談談以文創為主題的創意設計技術面。

一、了解創意設計

　　創意設計當從自身文化開始，簡單說就是從生活著手來體現創意，即是做文創設計的根本。從生活小處著手，我們可以發現生活的精彩、世界的豐富，也是自身文化的價值。

　　做創意設計，首先；我們須知道我們要解決的問題為何？也就是本章開宗明義說的；「有目的性的創作構思」。是對要解決問題的一種「功能性」思維過程，是當我們接到一個案例（Case），判斷要依邏輯去處裡的核心問題，是以收藏為主？實用為主？或是兩者兼具？核心問題即為對目標的「定義」，一旦定義錯誤，接下來的思維方向都將南轅北轍，即所謂的「失之毫釐、差之千里也」（如圖1）。設計師在創作初期用來定義（質疑）的方法技巧，常用的有「腦力激盪法」、「心智圖」等（參考本書其他章節介紹），可以讓我們快速有創意的找出核心概念。

圖1　設計的功能性

二、如何做設計的創意構思

（一）學習「變」

這世界在變，唯一不變的；就是一切都在變。

創意無所不在，但是主要源自於我們日常生活的片段與點滴，創意就滲透在這片段與點滴之間。引用國內知名的創意媒體人詹宏志先生在其專書《創意人：創意思考的自我訓練》中曾說過的：創意思考是一種態度、一種習慣，至少是一種可訓練的技術。

故：創意真的不是老天爺特別給某些人的白吃午餐，它是人人可以獲得的，是從我們生活中的觀察所得的，我們許多「好主意」其實都不是發明，而是仿效、是「變」，是由掌握趨勢變化的「知變」、解決技術問題的「應變」到創建新意思考的「創變」，即透過這「三變」來仿效、改良、拼湊、重組的，但是這些技術確實需要經由學習，方能得心應手、隨手拈來朵朵蓮花。

接著，分享一些可以訓練我們創意（變）的方法與技術。

當我們確定一件案子的功能性後，即可以開始我們的「變」。在創新的構思上，可利用「六變」來針對由視覺訴求目的的創新做創意設計，創造出新型、新式樣的物品（周卓明，2008）。

方法的改變	功能的改變
形狀的改變	構造或裝置的改變
紋樣的改變	色彩的改變

透過要變的對象物，以這六種方法逐一嘗試做改變，可以調整出有變化的設計。

另外介紹一個可以檢核我們六變的「**奧斯本檢核表**」（Osborn

Checklist）[1]方法，來為我們檢視創意思考的線索，它的優點是一種具有啓發創新的思維，透過「提問、發散、創新」的思考，發現問題進而解決問題。這是因為它可以強制我們去做非定見的思考，像是我們常玩兒的「腦筋急轉彎」，有利於跳脫原本定見、突破一些個人盲點或不善於提問的心理障礙。

根據個案對象明確需要解決的問題（功能性）解決問題，參照表中列出的問題，運用豐富想像力，強制得出一個核對來分析並列出新想法，再對這新想法進行篩選，將最具價值和創新性的想法篩選出來，達到變的目的，即創意的線索。

檢核項目	運用
能否他用（Put to other uses）？	設計對象的形式、內容、媒材⋯⋯有無其他用途？維持原狀不變能否擴大用途？稍加改變，有無別的用途？
能否借用（Adapt）？	「他山之石可以攻錯」的轉移運用，能否從別物得到啓發？能否借用別物的經驗？能否模仿？外界有無相似的東西？其他元素能否引入這個創造性想法之中？
能否改變（Modify）？	可否修改一下形狀、顏色、聲音、味道、組成、方向、顏色、運動、大小、氣味？可否修改一下意義、品種、製作⋯⋯方式？改變之後，效果又將如何？

1　「奧斯本檢核表」是對於某特定要求而制定的檢核表，主要用於新產品的研發。其以發明者亞歷克斯奧斯本 Osborn, Alex F.（1957）命名、引導人在創造過程中對照9 個方面的問題進行思考，而此檢核表又被稱爲「創作之母」。索引自 http://www.ifm.eng.cam.ac.uk/research/dmg/tools-and-techniques/osborns-checklist/UNIVERSITY OF CAMBRIDGE Web, 2017。

檢核項目	運用
能否擴大（Magnify）？	設計對象能否擴大使用範圍？能不能增加一些東西？能否添加配件、增加數量、長度、強度、頻率、速度、延長使用壽命、提高價值？
能否縮小（Minify）？	設計對象能否簡單化、縮小體積、變短、減重、降低、壓縮、變薄、省略、細散？
能否替代（Substitute）？	設計對象能否使用其他媒材替代？
能否調整（Rearrange）？	哪些部分是可以互相對調？如何對調？設計對象能否變化順序、位置、時間、速度、元件、程序、配置、類型、或方法、內容可否交換？能不能將各部分交換？
能否顛倒（Reverse）？	逆向思考。倒過來會如何？正反、上下、左右、前後、內外、正負、因果、陰陽……對調？能否定代替肯定嗎？
能否組合（Combine）？	組合起來會如何？目的、材料、形狀、功能……，從綜合的角度分析能否裝配成另一個系統？

　　檢核表這一連串的問句，就像是在警告我們，是否可以跳脫原本的思考侷限，進入一個我們想都沒有想過的新天地，是一種跳脫（Escape）自我設限的方法。在設計的運用上，無論是視覺傳達設計、數位多媒體設計、工業設計、商品設計等，都能予以靈活運用。

（二）訓練設計構思的三種技術工具

　　懂得創意設計的線索，學會如何變與檢核變後，我們再來看看可以透過哪些好用的思考工具利用在創意設計上：

1. 情境故事法

　　情境故事法（Scenario）是種將蒐集而來的發想做出整理，並做出客觀檢視的技術。運用方法是將使用情境拆解成多個分鏡，利用圖像速寫或照片，

再藉由故事接龍的方式去描述某一事件過程的工具。其優點是視覺化的呈現有助於我們或團隊了解使用者在特定情境下與產品或服務之間的關係，用於開發新商品或改良商品有極好的效果。

情境故事法具有兩個特性：一是有順序的描寫一些動作、事件或一個過程，它是以敘述型式對活動作具象的描述。二是依照時間順序將一些事件動作（Action）的片段（Fragmentary）描述所串連而成，透過所謂的故事板（Storyboard）拉開時間軸，來檢視不同時間與條件下的情境展現，尤其適合影視廣告設計，但要留意的，這只是工作最後的工作環節，絕不是設計的最後結果，使用步驟為針對不同的人、事、時、地、物（產品）做不斷改進及改變。

操作步驟是：先觀察定義故事的主角（功能）與需要完成的目標，其次為設定角色與訂定故事的出發點與進行情境故事所經歷的事件，最後將其過程記錄下來作為檢視，釐清發想的推移過程，跳出主觀並看能否衍生出新的構想，進而創造出新的產品。

所以，繪製情境故事是我們發展設計流程、細節很好的一種方式。

2. 腦力激盪法

為人所熟知的腦力激盪法（Brainstorming）又稱為「頭腦風暴法」或「動腦會議」，簡稱 BS。是一種適合團隊合作為激發創造力、強化思考力而設計出來的一種藉由集體思考得出策略的過程，也是用以培養、定義發想的「創造性解決問題」方法。

運用進行的步驟有四項基本原則與方法：

原則	方法
一	選定主持人，參與者發言之創意重量不重質；嚴禁批判他人發言，讓所有成員自由發想，簡單說；就是指大家可異想天開、不在乎別人的想法、愛說什麼就說什麼。
二	每個人對大家提出的發想關鍵字衍生（加油添醋），此步驟優點是提供參與者意見交換與靈感擴散的機會。

原則	方法
三	蒐集創意並進一步發揮創意聯想，大家提供的想法（創意）可利用「心智圖」發散的「化學變化」整理出具體可行之方法。
四	為導出最後結論與解決方案，由上位者（leader）裁量選出最具可行的方案。

3. KJ 法

另外結合腦力激盪法做出歸類的 KJ 法又稱 A 型圖解法、親和圖法（Affinity Diagram），是一種把不同的資訊混合在一起，透過歸納、分析、整合等步驟，得到結論的收斂型「整理」技術；是將未知或未曾接觸的問題的相關元素、意見或設想之類的語言文字資料蒐集起來，並利用其內在的相互關係作成歸類合併圖，以便從複雜的現象中整理出思緒，釐出最具體可解決問題的一種方法。

簡單說，就是訂定出由分類的想法朝向有結論的步驟。KJ 法是屬於「卡片式分類法」，主要運用步驟有八個，依序為：首先先決定討論的主題→組織討論團體→把意見寫在卡片上→將卡片貼在牆上→把相似意見分組歸類→為每一組進行命名→依據組別的重要性進行投票→依組別之重要性進行排序。進行時需注意先放棄先入為主的觀念，將雜亂多樣的事項以卡片記載其關鍵性文字，依據卡片文義內容的類似性，由抽象往具體逐層歸納統合，儘量以文章或口頭敘述內容並用圖解顯示其結構，最後須做出裁量。

4. 強迫連結法

強迫連結法（Forced Connection），是利用不同的兩類物品作連結，刺激我們從不同的角度來思考，進而產生不尋常的點子。

刺激品可以是一張圖片、一句話、一個字、一個物品、一個名詞、一個元素、一個特徵……。特點是沒有一定的規則，通常是隨機選取，只要是不要和設定的題目太接近。因為通常範圍差距愈大，我們所得到的點子也就愈新奇，此法也是一種改變我們對事物的思考模式。

運用與操作的方法是首先選擇一種連結，當然；首先這得這端看你要完成的任務而定，可以是平面設計、也可以是種立體的產品設計。第二是列出清單，將腦力激盪出的所有可能元素（形式、內容、媒材）強迫連結。三是結合訊息、風格、功能，透過這些元素做連結組合，並將它畫出來。最後從中選出一個或多個可實行的創意予以定案（林育如，2012）。

我時常將「強迫連結法」和「腦力激盪法」一起用，通常會激發出很好的效果，一般人都不習慣強迫自己做連結思考，但是要逼出創意是須強迫一下的，這時你會發現其實自己也是很有創意的。

（三）創意設計的原理與操作

設計在當代來說比以前容易的多；一來資訊發達，Google 大神什麼都知道，軟體愈發簡易、強大。再再突顯了完稿與技術面的「易得」，然而經過「後現代主義」（Postmodernism）[2]的洗禮後，個性、自我、非制式的潮流席捲全球，也成為當今的主流思想，創新、與眾不同的獨特性就顯得異常重要了。有了創意的構思，針對不同形式、內容、媒材的對象，我們可以開始依設計原理來一一做出符合功能性、創意性、美觀性的創意設計。

在設計的形式上，簡單分成四大類型：一是平面設計、二是立體設計、三是影視多媒體設計、四是空間設計，其設計原理相通，主要都是在我們視覺的傳達上起了審美與創意的作用。在創意設計的原理與技術操作上，大體雖有、定體則無，靈活變化存乎一心。以下提供一些個人時常運用的技術分享如下：

1. 視覺清腦法（Visual Brain Dumping）

當釐清了設計功能與目的後，經由腦力激盪出來的的構思想轉成視覺媒介時，可利用紙筆，直覺快速地將這些圖形畫出來，給自己設定一個 10 至

2　後現代主義（Postmodernism），是一個從理論上難以精準下定論的一種概念，因為後現代主要理論家，均反對以各種約定俗成的形式，來界定或者規範其主義。

20 分鐘時間，至少畫滿 10 至 20 張草圖，不要就一個草圖修修改改，多將這些草圖做一些變化，經由檢視你的草圖，然後選定幾個最具創意與適合的設計作進一步發展（林育如，2012）。這個方法極適合個人專題使用，是一個將抽象概念轉化成具象的速寫（Sketch）方法，可經由繪出來的圖形作檢核進行衍生與修改創意，這也是我這圖像思考人最常用的設計方法之一。

　　介紹此設計方法享譽全球的設計師艾琳・路佩登（Luba Lukova）說：「我會把尚未派上用場但還不錯的草稿保留歸檔，因為它們往往可以替其他專案帶來新的靈感。」意謂凡走過留下的痕跡，日後可能都派得上用場。

2. 符號學利用法（Semiotics or Semiolgy）

　　符號學的象徵概念在各個領域均被廣泛的應用，「象徵」對於一般符號學而言，最重要的象徵概念是作為非語言的實物和圖符的象徵。以非語言式符號為主的圖像藝術，則常以符號的形式傳遞作品的意念，符號的觀念更長期影響著解讀藝術作品象徵的方式。繼康德（德語 Immanuel Kant）之後列為美國最重要的哲學家之一，也是最具有創造力的哲學家的帕爾斯（Peirce, Charles Sanders）將符號區分為圖像（Icon）、標誌（Index）與象徵（symbol）三種。我們最常看到的即是「標誌」。標誌符號是透過物理關係或相鄰關係，與其所要傳達的對象，產生因果關係的連結功能。例如各自分別男女廁所的圖形；菸斗代表男性，高跟鞋代表女性。

　　善用符號的語彙可協助我們發展創意、焦點性的抓住重點。方法是在圖像部分利用形狀、顏色、聲音、紋理、其他圖像元素，令其影像與概念間產生可識別的連結。標誌部分，透過假借的隱喻方法來代替直觀的對象，不一定是繪成抽象的方式。例如洗手間的男性標誌，可以用紳士帽、西裝、拐杖、菸斗……來象徵。標誌性的符號往往帶來趣味的創意設計。象徵符號一般來說是抽象的，例如漫畫中的汗滴、三條線、對話框……情緒符號即是最好的代表。

　　符號除了是溝通的工具外，也可利用於簡化與設計出別具意義的形式，

在設計之初先檢視其符號基本分類，以便能產生各種隱喻、抽象等具有創意的概念為我們所用（林育如，2012）。

3. 完形理論（Gestalt Theory）

尋找不存在事物的知覺習慣（矢野鈴，2000）。

另一個用途很廣的平面創意設計方法可透過「完形理論」；又稱「格式塔原理」來突破自我經驗法則，製作出衝擊視覺與美學的創意設計。格式塔是德文 Gestalt 的譯音，意即「模式、形狀、形式」等，意思是指「動態的整體」（dynamic wholes）來將圖形與背景做分化、接近、相似、閉合、連續、簡單、均衡的設計。簡單說，就是我們的眼睛會自動將圖形整體性（Emergence）、具體化（Reification）、組織性（Multistability）、恆長性（Invariance），它是我們視覺的一種慣性，是天生或演化而來的，了解這四個基礎，就能解釋大部分的視覺情境。該原理被廣泛地應用在圖形設計中，給消費者的視覺帶來更好的感官享受。

格式塔原理	運用
分化原理	主要是通過視覺上的效果將圖形從背景中分離出來。圖形與背景的對比愈大，圖形的輪廓就會愈明顯。
相近原理	相近原理主要是指距離或位置鄰近的各部分趨於一個整體性。
相似原理	相似原理是指在某一方面相似的各部分趨於一個整體。
封閉原理	封閉原理是指彼此相屬、構成封閉實體的各部分趨於組成整體，此原理具有較強的說明性。
連續原理	連續原理是指在知覺過程中，人們往往傾向於使知覺物件的直線繼續成為直線、曲線繼續成為曲線，該原理能夠給予人視覺上的衝擊。
簡單原理	簡單原理是指具有對稱、規則、平滑的簡單圖形特徵的各部分趨於組成整體。
均衡原理	均衡原理是指知覺傾向於尋求視覺組合中的秩序或平衡，該原理與閉合原理一樣，具有較強的說明性。

以上這些形式規律即是所謂的「完形法則」（Law of Organization），是心理學家在認知領域中的研究成果，這些原理極適合用於 CI 設計、標題設計、LOGO 商標設計等圖像。例如學設計的都知道的知名學者魯賓（Rubin）所設計的作品——魯賓之杯（圖2）。該圖形被包圍的面「閉鎖圖形」我們容易看成為圖，而包圍在四周的面則被看作是背景，也就是地。所以當我們看「魯賓之杯」時，置於圖面中心位置且屬於閉鎖圖形的黑色杯子，就容易被視為圖；而置於圖面兩側且屬於開放圖形的兩個白色人形側臉，就屬背景部分，被視為地。就造形上來說，「圖」是屬於「正」空間，是指明確的前進空間；「地」則是「負」空間，是指不明確的後退空間，兩者有相互依存的關係。當二種角色可以互換並且合理存在時，我們稱它為「圖地反轉」，這種利用視覺完形知性的趣味理論，成了最好的平面設計創意設計之一。

圖 2　魯賓之杯

4. 善用美的形式原理

　　設計除了前面所述的功能性創意外，美的形式創意也是設計不可或缺的。

　　「美」是經過無數世代的分析與歸納後，才整理出有系統的知識，我們稱它為「美的形式原理」，它是人類美感，經驗的結論，能從不同條件中歸納出可供依循的形式法則。設計與藝術創作若能遵循此創作法則，才不至於

雜亂無章。然而；每一件美的造形並非僅只有包含著唯一的美的形式原理，因此多思考多體會，才不至於為法所障。

　　美的形式原理共計十大原則，其名稱與運用如下：

原理	運用
反覆（Repetition）	又稱為「連續」。是指將同樣的形狀或色彩重複安排放置的意思。由於這些形狀或色彩性質全無改變，僅是量的增加，是以彼此之間並無主從的關係。
漸層（Gradation）	又稱為「漸變」。是指將構成元素的形狀或色彩做次第改變的層層變化。例如：同一種形狀的由大漸變小或小漸變大、同一種色彩的淺漸變濃或濃漸變淡，均屬於漸層的形式變化出美感。
對稱（Symmetry）	又稱為「均整」。是指在視覺的畫面中，同一位置有相同形秩序的基本形式相稱、均齊以點為中心，迴轉與另一形完全重疊以鏡照所造成之形。例如上下對稱、左右對稱，大自然有許多對稱實例，例如蝴蝶的翅膀。
和諧（Harmony）	又稱為「調和」或「協調」。把同性質或相似元素配置在一起，例如類似的形與色等，令其元素互不排斥，物件間的關係可產生相同、相似、相異、類似的關係，進而造就抒情、柔和、圓融。
平衡（Banlance）	又稱為「均衡」。是指在視覺畫面中的假想軸兩旁，分別放置型態或不相同，但質量卻均等的事物。如此一來，畫面中的事物雖然並不相等，但在視覺的感受上，卻由於分量相同，而產生安定與心理上均衡的感覺。
對比（Contrast）	又稱為「對照」。是將兩種性質完全相反的構成要素並置一起，讓元素對立以互相強調，產生突出的視覺效果。舉凡形狀、色彩、方向、光線……，均可形成如大與小、濃與淡、左與右、粗與細、明與暗……的對比效果。

原理	運用
比例（Proportion）	是指在一個畫面中部分與部分之間的關係。不論是書面中部分與部分間長短關係、大小關係，或是寬窄關係，均屬之。創作者可依照自己的需要，應用不同的比例形式。最有名的即所謂的「黃金比例」（Golden Ratio）1:1.618 完美矩形。
韻律（Rhythm）	又稱為「律動」。令元素在排列上合乎某種視覺或心理及生理產生的規律，即是韻律。所謂的韻律感或律動感，它是利用形（點、線、色）元素的反覆、交替、漸變，使觀賞者有抑揚頓挫感、節奏感，生動、活潑的規則或不規則的秩序感。
統一（Unity）	又稱「統調」。是在一幅複雜的物件中，尋找一個共通特徵（元素），讓它有秩序，在統一中保有變化，避免呆板；在變化中求其統一，避免紛亂。
單純（Simpiicity）	又稱「簡化」。指將複雜的物象簡化，呈現質樸、抽象形式，透過符號學、完形的構思可得到「盡在不言中」的形而上趣味。

第二節　創意設計的過程與運用

　　創意設計的流程，以設計創意、設計素養及設計美學三項為主要過程之要素，透過系統性的思維，以人為本的考量，可得到好的創意設計成果。

一、創意設計的過程

　　參考英國皇家設計學院工業設計教授阿爾克（L. Bruce Archer）的 Archer 系統設計方法，他認為「設計是一種以目標導向為主的問題解決程序，也是一種計畫的過程，重點在於目標設定、問題的劃分與過程的方法性。」意指

設計方法必須系統化。設計程序可分為「分析、創造、實現」三個階段：

1.分析：初步規劃設計架構、找出問題、分析問題。

2.創造：分析可行性、構想草圖、設計發展。

3.實現：提案、修正、溝通、結論。

設計方法必須系統化，以觀察的經驗方法進行設計案的資訊蒐集、分析、綜合、評估之後，發展傳達設計的概念（林崇宏，2012）。另外，著名日本設計家高山正喜九將造形創造（發想）過程分為三階段：一為「著想」；即發現問題、設想解決方向。二為「想像」，即蒐集情報、應用 Idea（意念、想法）。三為「構想」；即展開形象性思考、邏輯性思考，使 Idea 具體化，最後達成解決問題（設計）之目標。

在設計的過程設計上可採用 5W2H 分析法，5W2H 法是一種簡單、方便，易於理解、操作，富有啟發意義，廣泛運用的技術，對於決策和執行性的活動措施也非常有幫助，更有助於彌補思考問題的疏漏與發覺，提供不同的創意方向。

5W2H 分析法	
WHY	為什麼？為什麼要這麼做？理由是什麼？原因是什麼？
WHAT	是什麼？目的是什麼？主要工作是什麼？
WHO	誰？由誰來承擔？誰來完成？誰來負責？對象是誰？
WHEN	何時？什麼時間完成？何時是適當時機？
WHERE	何處？從哪裡做？從哪裡入手？
HOW	怎麼做？如何實施？方法如何？
HOW MUCH	多少？完成到什麼程度？多少數量？費用如何（人力、物力、成本）？

這個技術，設計人常運用於考察研究對象，從而形成創造構思方案與設定流程的方法。透過此法進行設問，發現解決問題的線索，尋找發明思路，進行設計構思，從而創造出新的發明項目，其優點是可以歸納問題、掌握核心。

這七項問題包括客體本質（What）、主體本質（Who）、時間形式（When）、空間形式（Where）、存在原因（Why）與影響程度（How），經由總結而改進（陸小彪，2013）。

二、運用案例：文化創意設計

透過個人之前完成的案例，將上述的設計發想、構思、技術、過程與運用與讀者分享，藉由實際案例之操作說明，使大家日後能運用創意設計的5W2H分析法。

- 課題：2012屏東瘋迎王動畫製作設計（圖3）。
- 委託單位：屏東縣政府（業主）。
- 受委託單位：嗨森數位文創有限公司。

首先，我們先定義此案子的功能性（業主要求），經由溝通了解；得知屏東縣政府為了2012年屏東三年一科的東港、小琉球、南州迎王合併祭典需求，設計一宣傳片（屬於文化創意設計）。任何設計案，我們都可將它區分為「形式、內容、媒材」三大設計核心問題來逐一解決。經溝通已得知形式為宣傳影片、內容為介紹三處首次共同舉辦的迎王祭典，媒材則是利用2D動畫影片。與業主溝通部分，我稱為外部問題，製作部分為內部問題，以下將藉由5W2H分析法將問題與流程排出來，再發想與構思呈現的創意與需要解決的技術。

WHY （外部問題）與 （內部問題）	爲什麼要做成動畫而不是微電影？爲何不做 3D 動畫做 2D 動畫？ 理由原因：1.經費預算不夠。2.困難度太高。3.製作時間不足。
WHAT （外部問題）與 （內部問題）	目的是爲三年一科的東港迎王祭典做宣傳？ 主要工作是 2D 動畫製作，含配音與剪接、後製。
WHO （內部問題）	由工作室來承擔還是發包？誰來負責腳本？誰來負責分鏡？誰來完成動畫設計？誰來完成配音？誰來負責美術設計？誰來負責導演？誰來負責後製？誰來負責與業主溝通？動畫收看對象是誰？誰負責管考進度？
WHEN （內部問題）	何時須完成影片？各部製作時程如何訂定？何時須交件？
WHERE （內部問題）	何處可尋求錄音室？影片從哪裡開始做？文獻與資料何處取得？
HOW （內部問題）	動畫的軟體是什麼？用什麼風格呈現？技術如何解決？如何將影片散播？是 DVD？網路？電視？技術又是如何？如何與業主溝通達成共識？
HOW MUCH （內部問題）	動畫片長多少？完成到什麼程度？費用如何（人力、物力、成本）？報價多少？

經由 5W2H 分析法，我們可以得知完成此任務的人、事、時、地、物等核心問題。

接下來針對 5W2H 分析法將「形式上」所分析出的內外部問題逐一解決。內容部分則透過團隊進行「腦力激盪法」、「情境故事法」、「KJ 法」將故事腳本產出，得出以此次三年一科三處（東港、小琉球、南州）的王爺們，以親身（王爺擬人化）開記者會的方式作為有別以往的真人宣傳創意。影片上映後，獲得各大媒體與網民們極大的讚賞與鼓勵，周邊商品同時亦獲得不錯的銷售成績，更是帶動當年迎王祭典的參觀人潮，堪稱是非常成功的文創設計。

圖 3　2012 屏東瘋迎王動畫片段擷取

影片來源：https://www.youtube.com/watch?v＝U-BxSBnTc0g
屏東縣政府出版
嗨森數位文創有限公司製作
施百俊／腳本
張重金／導演、動畫製作

重點回顧

- 知名的日本 SONY 公司創辦人之一，也是知名發明家的井深大曾
  說過：「創造力來自於尋找意想不到的事物，走出你自己的經
  驗。」

- 根據創造力理論，創意來自三種人格特質：即 IQ 智力商數、EQ 情緒
  商數，還有 SQ 的微笑商數，意指熱情、幽默、活力，屬精神特質，

是情緒與智商的基礎，是人生活下去的主要動力來源，「幽默感」是重要的設計能力，培養幽默感，簡單說就是學習講笑話與聽笑話，笑話的邏輯是一種反應的反射。創意人幾乎沒有一個不是幽默人，創意需具備有反邏輯的思考能力，學學腦筋急轉彎，跳脫我們原有的認知與經驗是培養創意很重要的一件事。

● 由構思開始激盪、擴散、連結，經由設計原理加以運用，再透過熟稔的設計流程、檢視等方法技術，將可形成完美、適宜、創意的設計品。每個環節、每個構思都是創意設計不可缺的知識與技術。如同文藝復興藝術三傑之一的大師米開朗基羅（Michelangelo）說的：「完美不是小事，卻是由小事組成的。」

● 故：「創意」不只是「創造不同」而已，而是此不同必須對事物的舊狀態帶來新的改變，創意是具有積極性的，而設計是創意者盡一切的資源所構思醞釀，萃取出的想法、主意與安排、設置所得到的結果，是一種不斷的技術修練與人生美學體驗的交織成果。

● 期待我們能學習好創意的設計技術，為我們改變生活，一起步入更美好的幸福世界。

習題

1. 練習找一物品利用奧斯本檢核表（Osborn Checklist）檢視其創意並記錄下來。
2. 練習找一物品做創意構思，利用「六變法」做創新的創意設計。
3. 練習進行情境故事法的創意思考，從人、事、時、地、物中設定對象會遇到的問題，編撰出故事，再由遇到的困難設計（發明）產品來解決問題。

4. 試著藉由「5W2H 分析法」，透過技術流程設置與安排解決生活上、工作上、課業上的一些問題。

參考文獻

矢野鈴著、柳曉陽譯（2000）。設計的技術 104。臺北市：如何。

艾琳・路佩登（Ellen Lupton），林育如譯（2012）。圖解設計思考：好設計，原來是這樣「想」出來的！。臺北市：商周。

周卓明（2008）。創意思考訓練，臺北市：全華。

林崇宏（2012）。工業設計論：產品美學設計與創新方法的探討。臺北市：全華。

林崇宏（2015）。設計概論——新設計理念的思考與解析。臺北市：全華。

陸小彪主編（2013）。設計思維與方法。南京市：江蘇美術。

詹宏志（1998）。創意人：創意思考的自我訓練。臺北市：城邦文化。

蔡蕾（2011）。生活用品的創意設計。天津市：天津職業院校聯合學報第十三卷第十二期。

作者簡介

張重金（筆名阿金）

視覺藝術碩士（MFA）；現任國立屏東大學文化創意
產業學系助理教授。國內文創產業領域中極少數同時
兼具美術、設計、動漫創作實務與理論研究者，各類
美術、動漫、設計曾獲國內指標性獎項，業界實務經
驗 25 年，任文化、設計相關公民營基金會董事、顧
問、評審等職。個人美術展演 9 次、國內外聯展上百
次、相關著作 11 本。現今正努力將學術研究與創作應
用相結合而奮戰中。

6 組織創意策略技巧

在社會環境變遷快速的環境之下，組織相對的要及早進行應變以減少這些外部衝擊的影響，然而這些困境通常具有複雜的問題結構，或者涉及多元的利害關係人組成，對於未來的處理方法難以找出頭緒，再加上組織在進行決策之前，往往受限於少數個人的看法決定，或者資訊不足等原因，經常在提出解決方案的過程中，流於刻板或缺乏創意的思維邏輯，使得組織無力解決當前的困難，為了解決前述可能存在的問題，有幾項用於激發創意思考的團隊技術，被有效的用來處理不同情境下的組織困境，並能從過程中凝聚對於組織的認同，並提出有效的策略。

第一節　開放空間會議

Harrison Owen 在 1983 年發現民眾最容易產生想法的時候是在會議的休息時間。因此他設計了保有「咖啡休息時間」的會議形式，因為人性都希望自由的去尋找有志一同的人，輕鬆地討論彼此之間關心的事情，於是誕生了開放空間的會議技巧。所謂的開放空間會議（Open Space Technology, OST），並非制式的會議方式，而是在尚未具有明確答案與程序的過程中使用，其開放（open）之意表示，會議中的結果是無法被預期的，不會有明確的腹案（預期的備案）。

一、適用時機

　　OST 在操作型態及功能上與傳統的會議有很大的不同，它最適合使用的場合有以下幾個特徵：第一、參與者（或被稱之為利害關係人）背景多元，因為代表著不同的利益團體，所以彼此間的意見觀點差異甚大，但共同的共識是大家都想要改變且具有參與的熱忱；第二、多半面對的議題結構複雜且衝突性高，無法透過直覺簡化問題後提出解決之道；第三、而且通常需要快速的做出反應，因此所面對的情境通常是時間非常急迫的狀況之下，如果有以上的狀況，就適合採用開放空間會議技巧。

　　此外，它具有可容納千百人同時參與的特點，也可以多時段的同步討論數個議題，同時也認同混亂是創意必經的歷程，也允許參與者面對與處理衝突，甚至在會後能持續的參與，由於上述的特點，讓開放空間會議技巧迅速在全球各地成為廣泛被使用的方法。然而如果會議之前，具有下列特徵者，就不適合舉行開放空間會議，例如已經有明確的答案或者決策者已經認為他們有能力掌握可能的答案時。

二、操作步驟

　　開放空間的進行流程主要有下列幾項：

　　1. 選擇合適的場地，不一定在室內進行，然而不管在室內或者室外都要能圍成圓形，以利民眾彼此之間進行討論。

　　2. 會場安排有幾項物品需要準備，包括所有討論的椅子都要圍成圓圈，並且需要有一面主題牆，一面新聞牆。

　　3. 需要有一位引導師，進行開場，首先準備歡迎詞，接著開始引導團體集中思緒，藉由引導讓參與者在輕鬆的情境之下，慢慢進入到討論主題，接著講解開放空間會議進行規則，並設置主題牆。

　　4. 所有的討論意見開始放上主題牆，同時討論在進行中，不斷的增加意

見內容，針對這些意見，可以提出解決的方案，最後大家在最感興趣的方案中，貼上紅色圓點的貼紙，亦可用其他顏色的貼紙代替，表示這項討論出來的措施或方法最受歡迎。

　　5. 開放空間會議中，引導師具有相當重要的角色，他扮演著時間控制、議題引導與發想，並適時要歸納出結論。

圖1　開放空間會議

三、優點與缺點

　　使用開放空間會議最大的優點在於，讓大家的參與機會都相同，並不會因為是否具有權勢而影響發言的機會，在共同對等的狀況之下，人人有機會分享重要的智慧以及經驗，對於組織所共同關心議題讓大家負起相同的責任。同時它也是一種較省錢的凝聚共識的做法，並不需要昂貴的花費，容易籌備，也易於操作。並且能在過程中激發討論的熱情，並彼此信任。利用開放空間執行討論時，除了能夠激發創意之外，重新找回成員的熱情與組織精神，並理解其他人的想法。

第二節　心智圖

心智圖（Mind Map）又被稱之為腦圖、心智地圖、腦力激盪圖、思維導圖、靈感觸發圖、概念地圖、或思維地圖等不同的名稱，是一種圖像式思維的工具以及一種利用圖形輔助來表達思維的工具。心智圖是使用一個中央關鍵詞或想法引起形象化的構造和分類的想法；由一個中央關鍵詞或想法以輻射線形連接所有的代表字詞、想法、任務或其他關聯項目的圖解方式。它可以利用不同的方式去表現人們的想法，如引題式，可見形象化式，建構系統式和分類式。它普遍地用在研究、組織、解決問題和政策制定中。它是一種主動思考學習的模式，而非被動的模式。

一、適用時機

心智圖是一張集中了所有關聯資訊的語義網路或認知體系圖像。所有關聯資訊都是被輻射線形及非線性圖解方式接連在一起，以腦力激盪法為本，去建立一個適當或相關的概念性組織思考框架。但腦力激盪法與心智圖的差別在於沒有一個既定制式去互相連接，亦即是可以自由相連接使用的。元素是直覺地以概念的重要性而被安排及組織入分組、分支，或區域中。匯集知識方法是能夠支援現有的記憶，去思考語義的結構資訊。

「心智圖」究竟是在何時、由什麼人發明，至今眾說紛紜。但多數人都認為英國大眾心理學者 Tony Buzan 是將這個方法普及化的關鍵，他在 1974 年出版的《心智圖魔法書》（Use Your Head）一書中，首次將「心智圖」介紹給一般大眾；1981 年，他與弟弟 Barry Buzan 再度出版《心智圖聖經》（The Mind Map Book），提出更多心智圖在學習、工作等實務面的應用。從此以後，心智圖的應用愈來愈廣泛，包括了公私部門與非營利組織。這項方法結合了心理學、腦神經心理學、語意學等學科的知識，嘗試解決「如何才能有

效學習」、「最佳的記憶方法是什麼」、「最佳化的創意思考方法是什麼」等問題，以發展出最適合大腦運作方式的學習法，最終逐漸形成心智圖現在的樣貌。由於心智圖的普及，也開發出所有心智圖的輔助軟體，便於從事心智圖過程中的繪製工作。運用此法能形象化人們的資訊的交換，重新的重組並模組化。

二、實施步驟

心智圖法操作方法有幾項要件，採用關鍵字、放射狀思考，分類階層化的群組、顏色和圖像的運用。以下將操作步驟分述如下：

1. 從畫面中心處開始思考

雖然沒有硬性規定，但建議將頁面轉成橫向的方式為佳，採為橫向的考量主要是因為書寫文字的關係，此外，至少選擇 3 種顏色的筆。利用不同的顏色可以幫助記憶和聯想，並從建構一個核心的概念開始思考。

2. 運用圖片表達中心概念

中央的概念採用圖片較容易聚焦，趣味性較高，同時能協助集中核心觀念的注意力，整個心智圖的其他部分也可以儘量採用圖片呈現。

3. 運用顏色活化思考

善用顏色會刺激思考，同時也能作為概念的區分。

4. 主幹與分支的連結

心智圖從主幹放射狀進行延伸，依序連接第二層、第三層的想法，愈接近核心就愈抽象，愈接近末端就愈具體；愈接近中心可採用較粗線條，愈接近末端採用較細線條，接著逐步讓所有的想法都呈現在畫面上。

5. 關鍵字的彼此關係

採用關鍵字增加彈性與可讀性，也容易引發新的想法，至於不同區塊的想法也可以利用線段進行連結，以達成心智圖的完整性。

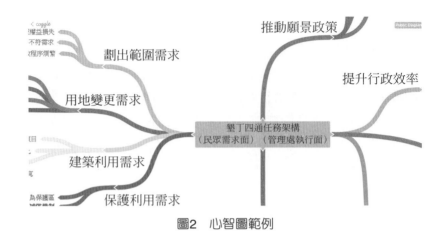

圖2　心智圖範例

三、優點與缺點

心智圖的優點包括下列幾點：

簡單、易用是心智圖的主要優點，也能透過思考提升自信心。並在過程中增進記憶力，藉此開發大腦潛能，提升學習效率、想像力與創造力。它的過程中是有趣的，並提醒我們從不同的角度去思考。

然而也存在部分的缺點：

繪製與發想的時間可能很費時，有時候採用的色彩太複雜可能影響思考，尤其是不擅長圖像表達者，在思考上可能受到影響。過程中必須先自己整理好重點才能容易畫出心智圖，一開始的核心概念如果錯誤，整個思考的結果就容易犯錯。手繪圖化的速度可能跟不上記錄的速度，也容易做事後的調整，目前已經有軟體協助繪製工作，然而仍需要熟悉軟體的操作才能發揮用途。

第三節　世界咖啡館

世界咖啡館（The World Café）是由 Juanita Brown 及 David Isaacs 所提出的一種在輕鬆的氛圍中，透過彈性的小團體討論，真誠對話，產生團體智慧

的討論方式。是一種特定的開會方式，集體討論可以改變討論者的觀念並且促進集體意識和集體行動的形成是世界咖啡館的引申主旨，在討論中，可以帶動同步對話、反思問題、分享共同知識，甚至找到新的行動契機。透過小型對話過程中串連、共構，審視攸關自己人生、組織工作的問題。我們的觀點決定我們的作為：創造企業價值和社會價值的關鍵之鑰，是在於你有沒有能力創造新的對策和展開同步思考。人可以從「情境」中產生共鳴，每個人都有自己親身經歷的故事，每個故事有個人的體驗、情緒、感受與事實，如果每個人學習說故事，故事和故事之間就會有共通的情緒、感受連結，也會激發別人的興趣與參與。咖啡館對話是我所見過最能幫助我們體驗集體創造力的一種方法。

一、主要精神

　　世界咖啡館可透過情境的營造，讓參與者共同探索議題，發展深層思考。它適合探討有深層意涵的事情。它可以用來探索主題的意義，甚至不需要有結論或收斂。為一種同時適用小至 20 人團體，大至數百人組織的會議方式。被廣泛用於商業界、教育界、政府機關、和社群組織。在世界咖啡館，我們需要每個人發言，需要傾聽別人的發言，需要小組討論，需要大組分享，在這個討論的過程中，常常會產生深度的質疑和反思，成員之間由於經驗、經歷、背景、學識不同，有時候會產生不同的意見，世界咖啡館的操作有時候並不在於強調尋求爭論之後的結果，而是在不斷的發表意見的過程中，達成知識的累積，有時候運用彩色筆以塗鴉的方式，會更容易將複雜的問題疏理清楚，也會變得更容易理解對方的看法。世界咖啡館採用塗鴉的方式提供了我們解決問題的方向，使它能獲得改善。塗鴉要求思考、創造力以及參與，這使得塗鴉有促成改變的強大力量，讓學員能夠想像，設計更好的未來。目前「世界咖啡館」主要的討論方式是讓來自各領域的人們，在五人

一桌的小型空間裡踴躍貢獻己見，於一定的時間結束後，讓人們換到下一桌去以開啓另一次的新對話；每一次新對話的開始，將由各桌桌長負責介紹前一輪的結論作為新的討論基礎，然後再次與新的桌邊成員針對前一輪的結論做更深入的討論。

二、適用時機

　　世界咖啡館通常進行的人數超過 12 人以上，時間至少有 90 分鐘以上，它針對重大的挑戰和機會點，展開深入探索，讓首度碰面的人可以展開真正的對話為現存團體裡的成員建立更好的關係，培養認同感，分享知識、激發創新思維、建立社群，針對現實生活裡的各種議題和問題展開可能的探索，並在演說者和聽眾間創造有意義的互動。

　　世界咖啡館所強調的「對話」是需要來自不同角度、不同聲音和不同心境的各種觀點，因此對於討論成效的評估方面，根據會後成員的心得報告，世界咖啡館的溝通方式，在於透過不斷換桌的過程中，去累積對於特定議題的看法，一開始可能是較為初步的見解，然而經過不同背景與專業的意見加入之後，討論的議題深度會不斷的增加，透過逐次的發言，參與者會逐漸在換桌的過程中，觸發不同的思維方式，並將自己原先對於議題的認知，因為融入其他成員的看法而更加成熟。顯然的，世界咖啡館並不是用來蒐集所有可能的成員意見，而是將所有成員的意見用來協助深入議題探究，並從彙整發言的過程中尋找解決的方案。相較於開放空間著重在蒐集社群中所關心的議題，世界咖啡館則是用來深化議題的認知與內涵。同時，與開放空間不同的地方在於，開放空間的引導師會引導參與者討論，而世界咖啡館的桌長本身並不會提出意見與引導討論，而是系統性的綜整意見與管理發言時間。但相同的是，引導師與桌長兩者都需要由經驗豐富的人來擔任，才能發揮這兩項創意思考的工具。

世界咖啡館的概念一套，讓人們可以深度討論、深度交流，以激發出團體智慧的溝通技巧。其主要精神便是透過分組討論，交互輪替的方式，讓不同觀點得到最大激盪，讓集體智慧油然而生。雖然「世界咖啡館」的模式十分有助於多元化意見的溝通，然而它的問題在於此套模式在運用上，有許多實行上的細節可依據文化差異與組織需要酌予調整。

三、操作步驟

1. 通常一桌沒有限定具體的人數，有些人認為四人一桌，然而實務上也有十人一桌的規模，但無法一次有幾十位參與者。

2. 每桌需要有一位桌長，桌長可以選出，也可以在一開始的時候就指派，視需要可以設置副桌長以協助桌長。

3. 其他參與成員則負責表達意見，成員可以安排自我介紹，但並不強迫，因為自我介紹會耗費不少時間。

4. 每個問題每個人的發言時間由桌長規定，視狀況決定。

5. 真誠傾聽，關心、尊重他人的談話，過程中不需要回應與討論他人意見，而是需要將每個人的發言內容寫下來或畫出來。

6. 發言時間結束後，除了桌長或副桌長不換桌之外，其他人需要立即停止發言，直接進行換桌動作。

7. 加入新的桌次，開始先前的程序，並重複之前的程序到結束，一般會進行三回合的對話，然後給予時間進行彙整並總結報告。

四、優點與缺點

世界咖啡館的優點如下：

它可以促進參與者將個人潛在的經驗知識表達出來，同時也鼓勵參與

図3　世界咖啡館

者為議題而貢獻，甚至承諾未來的行動能力與方向。它是輕鬆且具有包容性的，花費便宜而且可以簡單安排的。也能提升個人的參與度也因此可以產生很多想法，讓團體中的成員支持這個社會學習和尋求共識，因此這個方法可以被使用在大型和多樣化群體的參與者及權益關係者身上，這個方法可以產生更多發現，而且可以幫助組織進一步成長，這項彈性的方法可以被應用在很多不同的場合和單位。

不過，世界咖啡館亦有其缺點，包括：

不易控制所有人發言的平均時間，發言的內容也很可能差異甚大。也無法控制參與者換桌前後的講話內容，可能即使進行換桌，參與者在每桌所講話的內容很可能大同小異。在討論的過程中由於需要使用紙筆，不習慣使用繪圖（會影響重點摘錄）。特別的是，桌長的經驗與反應很重要，因為表達意見的過程中，如何去累積先前的經驗與討論深度，不習慣記錄，或記錄了也難以閱讀。

第四節　策略地圖

策略地圖（Strategy Map）是由 Kaplan 和 Norton 所提出，是繼平衡計分卡（Balanced Scorecard, BSC）之後所提出之策略規劃工具，利用平衡計分卡的四個構面，將其圖像化成為具有系統連結的管理工具。策略地圖是用來解決組織過去無效的投入方案所造成的浪費，Kaplan 和 Norton 認為，為了達成組織的遠景，應該有效的控制那些關鍵績效指標（Key Performance Indicators, KPI），藉由串聯這些重要的指標間的路徑關係，掌握資源應該如何分配到策略中，組織應該採取何種行動方案，投入多少資源，並藉由這些績效指標的達成，逐步推展成為策略地圖，因此，策略地圖可以說是達成特定價值主張之行動方針路徑圖。

策略地圖分別為財務構面（financial perspective）、顧客構面（customer perspective）、內部流程構面（internal perspective）、學習與成長構面（learning and growth perspective）四個部分，這四個部分的排列順序沒有固定，但通常是學習與成長構面在最下方，往上為內部流程構面，再往上為顧客構面，最上面為財務構面。

一、主要精神

策略地圖的出現就是希望能解決平衡計分與策略缺乏因果關係互動的現象，能讓策略具體化，透過策略地圖發展過程，讓組織成員們產生共識外，也都能清楚明白朝目標前進。若想要強化組織整體執行力，不應該單靠組織管理者一個人制訂出組織整體策略與願景，若組織成員不了解現在工作的任務與組織目標便難以產生動力，對任務執行欠缺認同感，因此該如何讓組織成員了解組織整體使命、願景及策略，也是經營管理下非常重要的一環，而為了幫助組織成功的轉變策略核心組織。透過策略地圖的繪製，使得指標們

開始具有互動之因果關係，形成具體的指標與行動，策略地圖能使組織的資源聚焦於策略中，避免組織成員對策略缺乏共識而造成行動失焦，因此策略地圖將強化了組織策略的執行力，也能更加確定策略定義，提升整體組織達成目標之可能性。

　　策略地圖能夠提供組織全面性的整合，協助組織整體運作的方向，以有效的執行組織策略，也能靠策略地圖所建立出的系統來管理策略所需之資源，並且是一持續性的流程，確保營運狀況的正確與良好，也能作為組織中各組成要素間關係完整性的檢視表。策略地圖利用視覺化的方法扮演轉化抽象策略之功能（translate the strategy）；而平衡計分卡即是用來衡量這些量化的目標值（也就是 KPI），最後整體的訴求回歸到企業關心的發展目標與問題。平衡計分卡則是先將經營環節聚焦和量化，然後策略地圖利用策略之間的連結以圖面化的方式呈現。兩者關係密切。

二、適用時機

　　策略地圖提供這樣的工具，給員工一個清晰的視線，讓他們的工作都能與企業的整體發展目標連結，促進營運更加協調及順遂，有助於長期推動企業績效的達成，進而於競爭激烈的叢林中生存。策略地圖是用來說明組織如何創造價值的，它把平衡計分卡的四大構面加入時間的動態變化，而它之所以不同於平衡計分卡是它有三個組成要素：(1)量化：建立標的，確定策略地圖中的因果關係；(2)確認時間表：決定策略地圖展開的短、中、長程視野，以便創造平衡、永續的發展；(3)選擇行動方案：選擇策略性投資與具體行動項目，促使組織在指定時間內，達到預定的表現內容。

　　策略地圖可以讓員工了解目前作業與組織整體目標關聯，才能了解該如何共同努力與合作協調。地圖以視覺圖面，呈現組織之關鍵目標，及該等目標間的重要關係；而整體績效，即取決於這些重要關係。策略地圖可描繪

出的內容有：在產品、服務與作業流程上，創新和卓越品質的重要功能；人員與系統上的必要投資（以達到成長目標，並延續佳績）。財務利潤成長的目標；目標客戶群（獲利成長的來源）；無形價值（可帶來更多高利潤的效益）；策略地圖能顯示，各項改善措施如何產生組織期望的結果。具體來說，策略地圖顯示組織如何將所作的各項計畫與資源（包括企業文化及員工知識等無形資產），轉化為有形的成果。

　　策略地圖是可以「說明組織如何創造價值」，是一個可連結無形資產與價值創造的流程，提供了一個架構，包含了財務構面用傳統的一些財務名詞來描述策略的有形結果，顧客構面是用來界定目標客群所提出的價值主張，內部流程所提出的手段，可為擴增研發投資及針對現有財產做更新之工程，學習與成長構面顯示出人力資本、資訊資本、組織資本等（陳正平譯，2013；吳安妮，2004）。

三、操作步驟

　　策略地圖的結構涵蓋了四大構面，由上而下分別為財務、顧客、內部流程及學習與成長，可以協助組織達到想要達到的策略成果，因此它不單單只是陳述行動過程，更將無形資產轉化為創造顧客價值及財務面的有形資產，由此可知，策略並非只是一個單獨的管理步驟，它是一個一連串且有系統的管理體系，幫忙組織有系統地去觀看策略，管理者也能依照此管理系統來幫助組織有效的成長執行。

　　以下為制訂策略地圖所需原則（轉引自溫達祥，2015）：

1. 策略要在彼此對立的力量中取得均衡

　　組織常常會在是否投資無形資產以換來長期的營收成長，以及是否減少成本以美化短期財務績效之間互相衝突抉擇，因此在描述策略的起點時，應在減少成本與生產力改善等短期財務目標與長期有利可圖的營收成長目標間求得平衡。

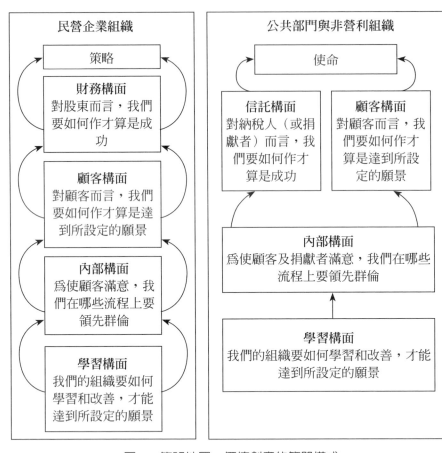

圖 4　策略地圖：價值創意的簡單模式

資料來源：引自陳正平譯（2013:46）

2. 策略應基於一個具有差異性的價值主張

組織有很大的目標是為取得顧客的滿意度，故在組織策略上將針對目標顧客群，一方面也須提出讓顧客滿意的價值主張，而每個價值主張中也都需要明確定義將帶給顧客滿意的相關特性為何。

3. 價值是由內部流程而創造出來

組織內部流程與學習成長構面主要在推動組織策略的達成，描述的是組

織該如何將策略付諸行動，以及如何能長期經營，因此組織需集中資源於可以產生差異性及強化生產力的關鍵性內部流程上。

4. 策略是由相輔相成的主題所組成的

組織所設定之策略應能均衡於內部流程中發展，策略間皆有因果關係因此需相輔相成，讓每一階段的成果與效益能適時發揮。

5. 策略整合決定了無形資產的價值

需要將無形資產與策略加以整合。

策略地圖相當適合有清楚願景定義，而且組織成員對其委託者有完整承諾的組織，但運用時必須與各執行層次以及現場蒐集資料的人員教育清楚理論基礎、影響組織與運作成功因素等，否則不容易成功（林欣吾，2004）。

四、優點與缺點

1. 優點

(1)能平衡的考量各項策略所達成的目標，避免僅有財務部分不周延的情形；(2)使組織行動一致，能將有限資源集中於策略目標；(3)有效地將組織的策略轉化為各級或各部門的績效指標和行動；(4)有助於不同部門員工對策略的溝通和理解；(5)有利於員工的學習成長和核心能力的培養，增進組織內部凝聚力；(6)有助於實現組織長遠發展以達成永續經營；(7)提高組織整體管理水準。

2. 缺點

(1)非財務指標建立困難，不易有明確的衡量方式；(2)當策略或結構變更時，隨時更新需要耗費大量時間和資源重新調整；(3)一致性的指標衡量指方法不容易使用，而衡量方法又延伸其他績效衡量指標。（蔣震夷、巫炯炫、唐林林，2014）

重點回顧

- 開放空間會議（OST）在操作的型態與功能上與傳統的會議有很大的不同，它最適合使用的場合有以下幾個特徵：第一、參與者（或被稱之為利害關係人）背景多元，因為代表著不同利益團體，所以彼此間的意見觀點差異甚大，但共同的共識是大家都想要改變且具有參與的熱忱；第二、多半面對議題結構複雜且衝突性高，無法透過直覺簡化問題後提出解決之道；第三、而且通知需要快速的做出反應，因此所面對的情境通常是時間非常急迫的狀況之下，如果有以上的狀況，就適合採用開放空間會議技巧。

- 心智圖又被稱之為腦圖、心智地圖、腦力激盪圖、思維導圖、靈感觸發圖、概念地圖、或思維地圖等不同的名稱，是一種圖像式思維的工具以及一種利用圖像式思考輔助工具來表達思維的工具。心智圖是使用一個中央關鍵詞或想法引起形象化的構造和分類的想法；它用一個中央關鍵詞或想法以輻射線形連接所有的代表字詞、想法、任務或其他關聯項目的圖解方式。它可以利用不同的方式去表現人們的想法，如引題式，可見形象化式，建構系統式和分類式。它普遍地用作在研究、組織、解決問題和政策制定中。它是一種主動思考學習的模式而非被動的模式。

- 世界咖啡館利用在輕鬆的氛圍中，透過彈性的小團體討論，真誠對話，產生團體智慧的討論方式。是一種特定的開會方式，集體討論可以改變討論者的觀念並且促進集體意識和集體行動的形成是世界咖啡館的引申主旨，在討論中，可以帶動同步對話、反思問題、分享共同知識、甚至找到新的行動契機。透過小型對話過程中串連、共構，審視攸關自己人生、組織工作的問題。

- 策略地圖是利用平衡計分卡的四個構面，將其圖像化成為具有系統連

結的管理工具。策略地圖是用來解決組織過去無效的投入方案所造成的浪費，為了達成組織的遠景，應該有效的控制那些關鍵績效指標，藉由串聯這些重要的指標間的路徑關係，掌握資源應該如何分配到策略中，組織應該採取何種行動方案，投入多少資源，並藉由這些績效指標的達成，逐步推展成為策略地圖，因此，策略地圖可以說是達成特定價值主張之行動方針路徑圖。

習題

1. 如果你是某社區發展協會的總幹事，想要讓鄉親能有機會發表他們對於社區工作的看法，然後從這些它們關心的問題，找出優先處理的議題，你認為採用何種方式比較適合？
2. 為了明確達成公司明年的目標，王老闆想要採用一套能夠掌握公司績效的方法，並且了解他今年應該在哪些項目投資多少經費，才能最有利於達成預期的目標，請協助他找出適合的方法？
3. 世界咖啡館的桌長與開放空間會議的引導師，他們都是執行這兩項技術重要的關鍵人物，請試著比較兩項角色之間的差別性。

參考文獻

吳安妮（2004）。〈平衡計分卡在公務機關實務探討〉，載於林嘉誠（編），
    《政府績效評估》，臺北市：行政院研究發展考核委員會編，頁115-135。
李懿鎂（2012）。庇護工場評鑑指標之研究：策略地圖的觀點，國立臺灣師範大
    學社會教育學系社會教育與文化行政碩士學位在職專班碩士。

游育民（2012）。以策略地圖方法建構臺灣木工機械產業競爭策略之研究，朝陽科技大學木工機器產業研發碩士專班。

溫達祥（2015）。以平衡計分卡觀點建構組織策略地圖——以個案公司為例。中央大學財務金融學系碩士論文，桃園市。

黃國敏、沈國良（2009）。公部門績效管理制度：交通部鐵路改建工程局策略地圖。中華人文社會學報，第 10 期，10-37。

陳正平譯（2013）。策略地圖：串連組織策略從行程到徹底實施的動態管理工具，臉譜。

林欣吾（2004）。〈企業績效評估實務之探討〉，載於林嘉誠（主編），《政府績效評估》，臺北市：行政院研究發展考核委員會編，頁 23-60。

陳聖智（2015）。建立策略地圖及 BSC 平衡計分卡提升團隊工作績效之研究，國立中山大學人力資源管理研究所。

蔣震夷、巫炯炫、唐林林（2014）。訓練機構策略地圖運用心得——TTQS 心得報告，社團法人臺灣公共職業訓練國際交流技展協會。

葉晉嘉（2010）。大高雄宜居城市發展策略之研究。高雄市政府研究發展考核委員會，中華民國地區發展協會。

作者簡介

葉晉嘉

中山大學公共事務管理博士，都市計畫技師高考及格。現爲屏東大學文化創意產業學系教授兼系主任。研究領域涵蓋文化產業個案分析、創意產業群聚研究、文創商品消費行爲、微型創意產業、政策分析與評估等。曾多次獲得科技部獎勵特殊優秀人才措施，及校內績優教師等榮譽。投入原住民文化，協助部落產業發展，多次擔任部落培力課程講師，亦曾擔任多個縣市農村再生總體計畫共同主持人，輔導社區撰寫申請書，近年研究興趣著重在創意城市與文創聚落，推動成立文化資產保存與活用中心，協助地方進行有形與無形文化資產的調查與再利用，並積極參與產學計畫，提供學生與業界之連結。合著有：文化創意產業理論與實務、文化創意產業之個案與故事，以及策劃出版原住民族語系列《Kuljeljelje 遇怪婆婆》、《來唱排灣童謠》，主編 2017 客家國際會議研討會論文集等。

7 行銷創意

　　大部分的行銷方案都是一種創新方法的實踐，因此，有人說行銷是最容易被抄襲的一環。的確，當一個賣場有某種新穎的行銷手法，很快地競爭對手就可以如法炮製。做法或許可以複製，但是創新的思考能力卻是偷不走的寶藏。本章是以創意的來源作為發展行銷創意的起點，好的行銷創意是來自於平日的基礎累積而來的，而這些創意的源頭，就是創新者的思考基礎。在本章的第一部分指出，行銷創意的基本功是來自於平日廣泛的閱讀資訊，練習做跨領域的探索，能用新的眼光看待舊的事物。此外，創新也來自於先模仿後改良，借鏡於異業的做法也是個可行的方式。洞察市場的趨勢與了解社會文化，則是讓行銷創新與社會大眾作緊密的連結。第二部分，則介紹了十二個近年來成功的行銷創新案例，讓讀者在學習這些行銷方案後，能觸類旁通，激發出好的行銷創新想法。

第一節　創意發想來源

一、廣泛閱讀資訊

　　尋找創意來源的開始，往往是要對我們發想的產品或服務做功課，而想了解這個部分就得找資料，閱讀書籍、雜誌、網路資料來累積自己的專業知識。有了這些背景知識，才有想像的能力，例如《侏羅紀公園》的作者麥可‧克萊頓（Michael Crichton），憑藉著他的生物科技背景，才能想像出透過血液得

到恐龍的基因成功「復活恐龍」，成為暢銷科幻小說。從科學的實驗研究顯示，閱讀能激發大腦神經迴路，閱讀時，我們會主動搜索訊息，尋找文意脈絡，大腦再不斷地進行深層分析。閱讀可以激發想像力，讓我們從不同的角度看同一件事情。量子物理學之父薛丁格（Erwin Shroedinger）曾說：「創造力最重要的不是發現前人所未見的，而是在人人所見到的現象中，想到前人所未想到的。」透過閱讀可以將別人的經驗內化為自己的，廣泛的閱讀讓我們視野開闊，由別人描繪的經驗來修改我們的設計，進而創造出新的事物。閱讀是一種主動的訊息處理歷程，促使神經連接。人在閱讀時，大腦在極短的時間內，所有與這個字有關的訊息都會被激發，心理學上稱為促發效應（priming effect），所以在閱讀資訊的過程當中，我們的大腦有 1,012 個神經元，每一個神經元又可以有 1,000 個以上的連接，是一個非常錯綜複雜的通訊系統，洪蘭（2005）將大腦的神經迴路比喻成非常綿密的灌溉系統，她說：「一個有創造力的人，大腦中的灌溉系統很綿密，同樣的水量，會因為溝渠連接得宜，匯集成能夠發揮作用的水量，灌溉到很多別人灌溉不到的田地，因而得到意想不到的收穫。」所以用閱讀來灌溉溝渠，產生綿密的支流系統，產出的創意就更多。

　　節目製作是最需要創意的工作之一，知名製作人王偉忠表示，當頭腦當機，或是遇到無法解決的瓶頸，他的第一反應就是從書中找答案，特別是歷史書籍。他說：「因為我們現在會碰到的問題，古人都發生過！」其他如財經雜誌、流行雜誌、專業雜誌、各種傳記與翻譯書籍都在他的閱讀範圍。而全球首富巴菲特也是位熱衷閱讀的愛好者，他說：「每天閱讀 500 頁，你會發現知識是如何運作的，知識的威力就像『複利』一樣地無限累積。」主動獲取知識，可以讓我們變得更聰明。科學相關研究認為，閱讀能增加大腦的「認知儲存」，是一種最好的大腦練習活動。透過思索整理各種概念的過程，可以促進各種不同知識的連結，較容易產生靈光一現的創意。漫畫家 Hugh MacLeod 曾經畫兩張圖來區別知識與經驗的不同，知識就像是一個個獨立的點狀陳列，而經驗則是知道要如何連結這些知識。片面的知識是無法

發揮效用的，連結後的知識才能產生力量。Maria Popova 則更進一步指出：「沒有什麼是原創的，所有新的想法都建立在過去發生的事物之上」，創意工作者必須連結那些數不盡的點，再從既有的知識中交互出新的想法，嘗試各種的結合，產生豐富龐大的創意。每個知識點就像是樂高積木，當我們擁有更多更多種形狀、顏色的積木，拼湊出來的積木城堡也會更加豐富有趣。

二、跨領域的探索

　　在 15 世紀義大利佛羅倫斯（Florence），梅迪奇（Medici）家族長期資助許多不同領域的創作家，包括雕刻家、科學家、詩人、哲學家、金融家、畫家和建築家等，在這個城市彼此交流、學習，打破不同領域與文化的界線，創造了很多新事物與新觀念，我們稱之為文藝復興。當許多不同領域的想法、專長和知識能互相融入交會，就很容易造就突破性的發展，瑞典作家 Frans Johansson 將這種現象稱為「梅迪奇效應」。建築師邁克・皮爾斯（Mick Pearce）建造辛巴威東門中心（Zimbabwz Eastgate Center）時，透過仿生態系統的觀察，發現白蟻丘能夠充分利用自然條件，使蟻穴內空氣保持新鮮，並將溫度穩定在 30°C上下。白蟻巧妙的把微風從蟻丘底部，引進由涼爽濕泥構成的蟻室，再把經過冷卻的空氣送到蟻丘頂端。靠著不斷的建造新通風口，關閉舊通風口，反覆循環調節溫度。該購物中心並沒有安裝空調，但是涼爽宜人，所消耗的能量只是同等規模的建築的十分之一。在日本因為海邊的遊客撿走過多的貝殼，導致寄居蟹無殼可用。有家房地產公司跨界與東京海洋大學合作，由生態系學生設計出澱粉製成的「仿生殼」，讓寄居蟹有殼可用。不僅堅固、輕盈，澱粉外殼日後可以分解而不汙染環境，造就了另一個跨領域的創意合作。

　　賈伯斯在里德學院念了六個月就休學了，但是他在休學期間，去學英文書法課程，學會在不同字母的組合間變更字間距。直到他設計第一臺電腦，腦海就浮現當時所學的東西，把這些字體都放進了 Macintosh 電腦，所以這個

看起來沒有直接關聯的書法，被跨領域的運用在設計電腦的文字上。Airbnb（airbed and breakfast）的創辦人 Brian Chesky，原本從事設計工作並和 Joe Gebbia 在舊金山創業，兩人合租了 1,200 美金的住宅兼辦公室。2007 年的某一天，他們得知有一個全球設計大會將在舊金山召開，由於與會人數太多，當地所有的飯店旅館都已經客滿。Gebbia 突然想到何不將住所出租給這些參加大會的設計師們居住，打造成一個「床位＋早餐」的地方，幫他們解決飲食和住宿問題，並提供無線網路、小辦公座椅、充氣床墊和早餐，兩人就這樣跨領域的成立了短租網站 Airbnb，讓遊客可以如同訂飯店房間一樣的預定其他人家裡的空房間，就此創立了一個新的商業模式。企業讓員工跨領域培養多元興趣，有時候可以產生很高的投資報酬率。例如 3M 公司的慣例，是員工可以用 15% 的上班時間做自己感興趣的研究，很多創新的受歡迎產品都是這樣開發出來的。Google 公司鼓勵員工創新，員工可支配每天 20% 的工作時間用於研發非本職工作的產品，Gmail 就是員工利用「業餘時間」研發的。若點子夠好，通過審核，團隊成員將獲得幾個月的時間，從原本工作職位告假，來全心發展這個創業計畫。

三、新眼光看舊事物

有時候我們用新的眼光去看一個舊的東西，僅僅是改變了想法，這個舊事物就成了新玩意。法國知名作家普魯斯特（Marcel Proust）曾說：「真正的發現之旅不在於尋找新大陸，而是以新的眼光去看事物。」如果我們以嶄新的觀點來看待這個世界，用不同角度看事物，就會有新的發現。創新大師 Rowan Gibson（羅恩・吉布森）更進一步歸納創新者的共同特點，就是善於用不同的稜鏡、不同的角度來看同一個世界，也因此看到了別人看不到的一些機會、商機。《時代雜誌》（TIME）從最佳發明中看到了 Reinventing the Inventor（重新塑造的發明家）的現象，從舊的領域、既有產品，就可挖掘創新商機。蘋果公司擅長於改良前人作品的「再創新」。例如觸控型螢幕的智

慧型手機，IBM 在 1992 年就已經開發，而平板電腦的概念機更早在 1968 年問世。iPod 數位播放器，也在 1979 年就有了雛形，但是這些先驅者因為某些原因，沒有將產品量產。在產品創新發明的過程中，新科技總是前仆後繼的取代舊產品，例如 1970 年代末期電晶體取代真空管，在數位化的潮流下，黑膠唱片也難逃宿命。但是令人想像不到的是，今天真空管機（香港稱為膽機）、黑膠片捲土重來，成為香港年度音響展的主力，吸引了年輕人的好奇眼光。因為真空管音響播放的音樂比電晶體音樂更細膩，耳朵靈敏的年輕人會發現，膽機和黑膠片的聲音雖然動力不足，分析力較弱，卻充滿感情和真實感，挾著這個真空管和黑膠唱片的再發現，催化了這些舊商品的再度復活。

　　舊有的技術有時也可以成為產品的亮點，根據出土的文物「金縷衣」旁兩只翠綠色的琉璃耳杯，就已經存在著脫蠟鑄造技法，這是漢代發展出來的鑄造技術，但是後來就失傳了。琉璃脫蠟鑄造法（Pâte-de-verre）是琉璃藝術的製作技法之一，在其主要的過程中，所需的耐火石膏模是經由蠟膜加熱後脫除取得，再經由琉璃原料鑄造而成為琉璃作品。「琉璃工房」花了三年半的時間，研發琉璃鑄造技法，摸索出 12 道工序的技法流程，因為這個製程的工序十分複雜，每道工序都不能有任何失誤，但是可以做出更為精緻的作品，因而提升了藝術品的價值。在宜蘭蘇澳的白米社區，發掘在日治時期就存在的傳統的木屐產業，可以作為地區產業的特色。經過多年的探索，發展出多種木屐創新作品，像是按摩木屐、罰站木屐、瘦身木屐、跳舞木屐、裹腳木屐、木屐吊飾、祈福木牌等。罰站木屐具有拉直脊椎、不易駝背、止滑按摩功用等功能，是最受歡迎的商品。在臺中有一棟經 921 地震、卡玫基颱風，看起來殘破不堪而閒置多年的破舊老屋——「宮原眼科」。臺中鳳梨酥名店——日出集團獨具慧眼，在 2010 年買下這棟百年的古蹟，重新整建裝修，改造為巴洛克式風格的古典建物，並保留「宮原眼科」招牌，成功將老屋命運重塑，改為販售糕點、飲料、甜品等精緻商業空間，開放至今成為觀光景點，始終擠滿人潮，更有許多日本觀光客慕名前來，舊事物也能創造新

價值。白蘭氏雞精是個問世近 200 年的產品，食品、製程沒有改變，但是他們看見不同的功能訴求。從傳統的營養補充品，對象是病人、產後婦女，後來將功能擴大為上班族的提神劑、婦女的美容品、學生的讀書良伴。2010 年再成立「腦科學研究所」，用科學論文來替產品功能佐證，賦予雞精廣泛的健康概念，拓展產品的使用族群，所以這個傳統食補，靠著注入新觀念，打算再賣 200 年。

四、先模仿後改良

　　其實在我們還沒有找出自己的風格前，都是需要借鏡於別人的創意，廣泛地來說，模仿也是一種學習，在這個過程中，我們揣摩、吸收資訊，參考別人的做法，在練習中成長。如同藝人陳漢典剛開始是模仿他人，如今也有了自己的風格。插畫家馬克也坦言：「創意不難，從 COPY 做起。」馬克曾師法《灌籃高手》去做角色的個性形塑，參考《哆啦 A 夢》的想像力、《七龍珠》做劇情變形，而他的代表作《靠腰職場》的想法則來自於美國漫畫《呆伯特》的啟發。愛因斯坦曾說：「創意的祕密在於知道如何隱藏你的參考來源。」認為很多創意都來自於別人的想法。而畫家畢卡索則更直接的說：「Good artists copy, great artists steal.」為創意的來源下了一個明確的註腳。所以剛開始發展創意時用臨摹來練習，這叫做「copy」，而「steal」則是用各種不同的角度，去發掘創新的可能性。如果我們在 copy 的過程中，能用心體會原創者的思考邏輯，可以加深對該領域的了解。模仿為創新之母，莫札特也是在吸收多種音樂後，從模仿創作開始，之後才慢慢形塑自己的音樂特色。法國作家夏多布里昂曾說：「獨創性的作家並不是指不模仿任何人的人，而是指任何人都無法模仿的人。」一個已經練就功夫的創意人是很難被模仿的，但是他們也從臨摹別人的風格開始。俄亥俄州立大學歐迪德・先卡（Oded Shenkar）教授表示：「複製別人的構想是一件好事，有時還是件了不起的事，而且這種事比大家想像的還要多。」在他調查的 48 項創新中，有

34 項被別人複製，而且模仿的速度有加快的趨勢，從這幾年自動駕駛汽車的發展，就可以觀察到這樣的情形。

在大家心目中的創新典範蘋果公司，其實也經歷了模仿的歷程。賈伯斯曾經在拜訪 Xerox PARC 研究中心時，看到了視窗和滑鼠的原型，回去後便將這個創意模仿成為麥金塔電腦的圖像式界面。賈伯斯在發展 iMac 系列之前，他鎖定的模仿對象就是索尼（SONY），索尼公司創辦人盛田昭夫曾經送給賈伯斯一部 Walkman，讓他非常著迷，經常透過參觀直營店、工廠來從中學習，數位化的 iPod 問世後，最終擊敗了 Walkman。早稻田商學院教授井上達彥將觀察他人言行並加以模仿，稱為「代理學習」，這樣做有兩個好處：第一是可以降低風險，避免嘗試錯誤的成本。其二是可以縮短學習時間，將別人的成果當成出發點。日本禪學的「守破離」模式，「守」是遵守師父的教導，直到功夫熟練。「破」則是開始打破一些規範限制，因地制宜地靈活運用。「離」是超越所有規範的限制，創出自己的風格。舒茲在創設星巴克之前曾經到義大利考察，最初店內顧客全部站著喝咖啡、用義大利文菜單、採義式風格擺設，而且服務生打蝴蝶領結，這是「守」的階段。而在進入「離」的階段，則開始修正為符合美國顧客的需求，不播歌劇改播歌曲或音樂，放置可以久坐聊天的椅子，改成英文菜單，在戶外用紙杯喝咖啡。最後發展店裡有獨特的擺設風格、音樂，培養開心工作的氛圍，讓這裡成為顧客除了家與辦公室的三個空間，達成了「離」的階段。有時候尚未被社會大眾所接受的想法，會在適當的時機開花結果，拋棄式尿布就是一個很好的例子。在第二次世界大戰後，美國的家庭主婦瑪莉恩‧多諾芬（Marion Donovan）發明了「划船者」（Boater）防水布尿布。後來她又提出了拋棄式尿布的創新構想，但是紐約沒有任何一家零售業者看出這個構想的商業價值。而一名任職於寶僑（P&G）的化學工程師維克‧米爾斯（Vic Mills），在幫孫子換尿布時，看到了拋棄式尿布的可行性，便著手改善多諾芬這項未申請專利的設計，實現了這個夢想。拋棄式尿布解決了經常要為嬰兒更換、清洗衣物的困擾，廣大的市場需求，也為寶僑公司帶來了可觀的收益。

五、借鏡其他行業

平時很有創意的人，有時候也會面臨瓶頸，這時候跨界去看看，或許會有意外的收穫。國際時尚知名設計師吳季剛，他的創意來自於大量的吸收各種資訊，特別是跨界的刺激。他不定期的與藝術家、建築師交流，常看建築物、藝術品，這些都是靈感來源。他說：「靈感要向外去找，跨界才能獲得刺激。」某個行業的成功模式，可以套用到許多產業上，在 1950 年代，美國速食業者就開始設立「得來速」車道，不久之後，銀行、乾洗店也都紛起仿效。而近年來這個概念還拓展到其他行業，例如日本殯儀館推出「得來速」的上香服務。民眾開車進入後，在窗口停下來，用平板電腦輸入姓名，再將奠儀、鮮花交給櫃檯，由服務人員點香交給車上的祭拜者，在同一時間，喪禮會場內的死者家屬與來賓，也能透過螢幕即時看到「得來速」上香的情況。1990 年代，豐田汽車導入精實生產（Lean Production），達到了減少浪費、提高效率及流程順暢的目標。這個理念，服務業也能跨界運用，例如台新銀行櫃檯人員在接受顧客填表開戶後，只需將資料掃描傳到總部的作業服務處，由後臺人員集中處理。因此櫃檯人員有更多的時間了解客戶需求，可以跟客戶互動時，提供更多理財資訊與介紹商品。有時候，看場電影、戲劇，音樂演奏，或到主題遊樂園走走，可能會有意想不到的收穫。美國精品家具威廉—索諾瑪（William-Sonoma）的設計師大衛・狄馬泰伊（David DeMattei）曾設計出 5 款熱賣的軟墊床頭板，就是來自於電影中布景得到靈感。而 Publix 超級市場設計師馬克・奈爾森（Mark Nielsen）則是在一家日本牛排館用餐時，看到服務生用摺成不同圖樣的鋁箔紙替他們打包剩菜。於是用這個概念，將摺成大象和糜鹿的圖案，放在自己所設計品牌的鋁箔紙包裝上，立刻吸引消費者的目光。

別以為這是專業的創意家才能做到的事，平常我們熟悉的事物也可以跨界運用，在 2013 年的童玩節，有個最受歡迎的遊樂設施「星際水漩渦」，採用洗衣機的概念發想，讓遊客掉進去上沖下洗，隨著水流不斷旋轉產生大漩渦，就像置身在「大型洗衣機」般的刺激。在臺中市有一家「紅點文

旅」，則是將公園的溜滑梯移植到飯店來，以 500 萬元打造一座從 2 樓 360 度蜿蜒至 1 樓，長達 27 公尺的金屬不鏽鋼溜滑梯，而溜滑梯靈感是來自於谷歌辦公室設計，對討厭等電梯的人來說，是避開走樓梯最棒的方式。英國《EXPRESS》則對滑梯設計讚譽有加，形容「紅點文旅」是全球最有趣的旅館之一。夕陽產業在面對外在環境改變時，也必須尋找新的出路才能存活，例如毛筆，在國小沒有書法課程後，文具行不再進貨，筆墨市場進入了嚴冬。林三益筆墨莊是這個行業的老字號，也不能倖免於難，就在家族成員苦思自己的核心價值時，從化妝品市場得到了啓發，認為彩妝刷具是個可以開拓的產品，創出了「LSY 林三益」是頂級彩妝刷具。迴轉壽司的創始人白石義明，在開店一段時間後，隨著生意量的擴增，壽司店人手不足，他開始想到：「有沒有可能使用機器來代替人工呢？」就在一次參觀朝日啤酒廠時，運轉中的啤酒瓶運輸帶使他靈光乍現，回到壽司店後，就開始以輸送帶取代服務生送餐，不僅解決用餐時段人手不足的問題，還將迴轉壽司塑造成一種文化象徵。本來用以偵測電動機、電晶體等電子器件發生故障的熱顯像儀，近年來也被水電工跨界用來尋找牆壁內管路位置，直接針對問題找出源頭修復。IKEA 藉由蘋果 AR（擴增實境）app，讓消費者在家裡預覽宜家產品和其他家具搭配的情形，這項科技將讓在家裡進行購買決定，解決了消費者出門前預先量好家裡尺寸，還要邊量邊挑選產品的窘境。

六、洞察市場趨勢

經常走動於市場間，有敏銳嗅覺的人，可以提早判斷趨勢的走向，在恰當的時機提出順應潮流的創意。以茶飲料在臺灣的發展來說，最初受到不喝隔夜茶的觀念，罐裝茶並沒有受到消費者的歡迎，直到日本開始流行罐裝綠茶後，臺灣市場就此打開，造就了「開喜烏龍茶」的銷售奇蹟。其後慢慢開設了如「休閒小站」的泡沫紅茶店，幾年後即飲茶連鎖店像是「清心福全」、「50 嵐」等如雨後春筍般的出現。這時候有家茶莊的老闆娘，受到

Espresso 咖啡機現泡咖啡的啟發，便著手改良機器現泡茶葉，造就了 35 秒現場沖泡的「鮮茶道」，這個創意也立刻在市場上引起了廣泛的討論。市場的創意來源，最易見到的就是科技與環境的變化。瑞士的鐘錶業舉世聞名，日本的業者只能望其項背。就在機械錶盛行的年代，瑞士的鐘錶業者開發出石英錶，但是顧及到會衝擊機械錶的銷售，未積極導入市場並將其定位為高價產品。日本的精工社（SEIKO）看見了這個機會，立即引進此技術並加以改良創新，成功地搶占了瑞士機械錶市場。而在手機的發展歷程，照相本來是一項附屬功能，最早只有 11 萬畫素，無法跟數位相機相比。有市場察覺能力的廠商，看見消費者喜歡隨手拍的習性，就著手解決了照片解析度不足的問題，當發展到 300 萬畫素拍出清晰銳利的照片時，手機已經取代數位相機成為現代人最喜愛的照相與攝影工具。無人機則是從軍事用途，演變為遙控模型飛機，在 2006 年後轉換為大眾喜愛操作的無人飛行載具。有很多公司看見了這個科技的市場價值，紛紛用創意轉化為不同的用途與商品。有些公司發展出空拍機，補足了平面拍攝角度的缺陷。而另外有些公司發展無人機送貨，來解決都會區交通壅塞的問題，達美樂公司更是成功地將顧客訂購的披薩用無人機宅配到家。

近年來受到關注的環境議題就是全球暖化與空氣汙染，在 2015 年 195 個國家共同簽署了《巴黎協定》（Paris Agreement），透過各國的減碳計畫，達成本世紀末全球氣候升溫 2 度以內的目標。全球二氧化碳占 5% 排放量的水泥業，成為減碳的優先對象。「臺灣水泥公司」碳排放的解決方案，可說是一種重大的創新。二氧化碳本來是水泥製程中的廢棄物，卻是養殖綠藻的最佳肥料，藻類吸附二氧化碳的功效，是種樹的 300 倍。培養綠色微藻可作為生質柴油、沼氣等用途，而雨生紅球藻則可提煉蝦紅素，發展面膜、美妝與健康食品。空氣汙染也帶來了很多商機與創意解決的機會，英國媒體藝術家莫爾加（Kasia Molga）患有哮喘病，對空氣品質較為敏感，她和當地科學家共同研發「Human Sensor」的空氣監測衣，空氣品質好時會顯示白或藍色，愈多汙染物，衣服便會變紅。當霧害和空氣汙染已經成為中國某些城市的常

態時，防霧霾口罩變為最熱銷的產品。愈來愈多的中國人不堪忍受汙染的環境，選擇出國旅遊，而他們也開始意識到，可以把旅遊和健康結合在一起，於是出現了「洗肺遊」的創意想法，是指到空氣清新的地方進行旅遊，讓肺部呼吸到新鮮空氣。冬季以「避霾旅遊」為主題的地區最受歡迎，如馬爾地夫、冰島、紐西蘭和澳洲等地。空氣清新與觀星則是另一個創意發想，在法國東南部的「Attrap'Rêve」泡泡旅館，提供 360 度視野，座落在森林裡半圓弧形的透明旅館，張眼就是滿天的星空，跨到室外可徜徉森林芬多精的舒適空間，真是一個完美的結合。

七、了解社會文化

　　對於當地的或是國外的社會文化，可以成為創意發想或是移植創意的來源。在日本青森縣（Aomori）北部的田舍館村（Inakadate），為了吸引人們來到這個村莊，以黃色、紫色和綠色的水稻，做成一幅帶文字的圖畫，從1992 年開始，就興起了這種稻田作畫的藝術。受到日本稻田藝術（tanbo art）的創意啓示，2015 年屏東國際彩稻藝術節，設計種植 LINE FRIENDS 圖案，成功地呈現卡通明星 3D 稻田彩繪。有時候社會新聞也可以成為創意題材，有位不懂外國語言的徐鶯瑞，遠赴南美洲委內瑞拉要幫女兒坐月子，她在洛杉磯轉機時，超大姓名的皮包，吸引了民視記者蕭慧芬的注意，主動為她翻譯、填表，並將這段故事放上部落格，網友們紛紛留言「看到都哭了」。後來大眾銀行將這段故事拍成形象廣告，取名為「母親的勇氣—蔡鶯妹」，引起社會的共鳴。小說所描寫的男女互動情節，也有意外的引發了流行。張曼娟的小說集《喜歡》，有篇描述一對情侶將永康到保安的車票作為平安符的故事，加上汽車廣告的推波助瀾，使得永保安康車票成為一種可饋贈的吉祥商品。由於這個吉祥語的啓發，後來有「大肚成功」車票，被用來祝福朋友順利求子，而「追分成功」則祝福考生們高分上榜。

自從智慧型手機普遍之後，朋友們聚會在等待期間，多半在滑著自己的手機，這已是全球皆然的普遍現象。巴西的北極熊啤酒推出了一個維持啤酒溫度的保冷瓶，透過科技的應用，這個保冷瓶阻絕任何的訊號（4G, Wi-Fi, GSM），讓朋友聚會回歸本質，專心喝啤酒聊天。而臺灣 IKEA 也關注這個低頭現象，設計了一款「好好吃飯桌」，以手機作為啓動電磁爐的開關，放在電磁爐下方的手機愈多，火鍋的火力就愈強，為了早點吃到熱騰騰的美食，大家只好繳械（手機）專心吃飯聊天了。而低頭族的另一個副作用就是影響交通安全了，行人過馬路低頭看手機的視野僅及正常狀態的 5%。在 2011 年德國科隆（Cologne）設置地面警示燈，以提醒民眾車輛接近，其後奧格斯堡市（Augsburg）也設置「低頭族專用」紅綠燈。澳洲雪梨也仿效德國，在地面設置紅綠燈，方便低頭族以眼角餘光來判斷是否可過馬路。荷蘭更以 LED 改造在人行穿越道，成為向上投射紅、綠色的「地面紅綠燈」，來告知低頭族交通號誌的情況。紅綠燈的創意在亞洲也有許多例子，臺北「會動的小綠人行人號誌」與倒數計時交通號誌，常吸引外來遊客的目光。香港則是設置有聲音的紅綠燈，透過紅燈時發出「嘟……嘟……」和綠燈時的「嘟嘟嘟嘟嘟……」兩種聲音，這款「電子行人過路發聲裝置」，可以讓視障人士靠辨識聲音增加行的安全。而在中國的都會區，有著行人與車輛闖紅燈的困擾。武漢市發展了「自動拉繩系統」，紅燈亮起，拉繩自動落下；綠燈亮起，繩子自動上移，成功引導與規範行人過馬路，用創意解決了存在已久的社會問題。

第二節　行銷創意案例

案例一　Teatreneu 喜劇劇團以笑計費

在西班牙的巴塞隆納有一家名為 Teatreneu 喜劇劇團，發展出一套創新的收費方式，以觀眾看戲發出的笑容作為計價的標準，這種方式等於是預告了

表演的精采可期，因為如果觀眾從頭到尾都不笑的話，劇團可是一毛錢都拿不到，這種以實際效果作為收費的基礎，的確讓人眼睛為之一亮。為了實施這個彈性收費模式，劇團在座椅背部安裝了攝影鏡頭和 Face Tracker 臉部辨識系統的平板電腦，擷取後座觀眾席上的每一個笑容。在觀看喜劇的同時，可以利用手機即時的將觀賞時的表情微笑照片分享於 SNS 網站，造成擴散傳播口碑相傳的效果。這個設備可以在觀賞期間記錄每位觀眾的發笑次數，並用電腦統計愉悅看戲的代價是多少。觀眾每次大笑僅收費 0.3 歐元，每笑一次就得到一枚大笑標籤（Laugh Tab），觀眾可以盡情的沉浸在歡愉的氣氛當中狂笑，因為每場喜劇的收費上限為 24 歐元（約臺幣 864 元）。自從西班牙政府將戲劇作品稅從 8% 提高到 21% 後，對於原本以看電視和電影作為娛樂的西班牙藝術娛樂市場，無疑地是雪上加霜。這個行政措施導致了劇團觀眾大量的流失，同時表演票價也下跌了 20%。為了吸引觀眾前來觀看喜劇表演，發展出這種因享受程度而收費的訂價策略，憑藉著「以笑計費」（Pay per Laugh）的創新行銷手法，成功的將人潮再次帶回到劇院，而表演票價也順勢推到新的高點，定價創新帶來了表演市場空前的正面效應。

案例二　CNA 語言學校的語言交換提案

語言交換（Language Exchanging）是一種由來已久的等價交換概念，例如甲向乙學習英文，而乙向甲學習西班牙文，透過雙方的語言交換，滿足彼此的語言學習需求，世界流行的語言交換模式不外乎透過年齡相近的中學生、大學生，或是透過線上交友的方式來進行語言交換，這是平行對等的資源交換行為。而在巴西聖保羅市的 CNA 語言學校，則是發現一種斜向且可行的資源交換模式。在 CNA 的學生，他們渴望能與以英語為母語的人士交談，希望能練就一口流利的英語。而在美國的芝加哥市的退休社區則是有一群健康但是孤獨的老人們，他們希望能找人聊天打發時間，填補心靈上的空洞。於是他們將這兩種需求串連起來，讓芝加哥市早起的退休社區老人，與正在教室上課的 CNA 學員透過網路影像電話，在電腦螢幕前交談。退休的老人變

成了英語學習的老師，透過語言的教導，體現自我存在的價值感。而 CNA 學員則是藉由跟美國退休老人對話，來產生語言交談實際應用的真實感。CNA 開發了一套交談軟體，讓學員在登錄網站後，可以選擇一個長者對話。在進行自由交談之後，他們將雙方的對話內容，放到 Youtube 上面，讓專業教師評估後輔導學員。從另一個角度來看，現在全球很多地區都出現人口高齡化的社會，只要妥善規劃運用，老人豐富的人生經驗，可以分享給年輕朋友，有心靈交流的對象。而渴望語言學習的一方，除了受惠於語言接收的便利外，還能當個虛心受教的忠實聽眾，這種語言互助模式可說是一舉兩得，共創雙贏。

案例三　吸睛卻不低俗的礦泉水廣告

礦泉水的行銷手法，向來是以解渴為最常見之訴求。而法國雀巢 CONTREX 礦泉水則是以將產品定位在想要瘦身的女人必需品。因為若要減肥，除了保持均衡飲食外，還要多運動，多喝水，來促進身體的新陳代謝，進而燃燒脂肪，達到瘦身的效果。就在某天的初晚時分，在法國某個廣場前擺滿了一整列的粉紅色健身腳踏車，這時候就開始吸引不少現場女性，上前靠近腳踏車一探究竟，其中有個好奇的女生大膽地試騎看看，才發現原來透過腳踩健身車，就會啟動前方建築物的 LED 霓虹燈。剛開始大家還有點生疏地踩著踏板，後來投射在牆上的猛男出現，圍觀的群眾發出尖叫，而猛男伴隨著輕快旋律大跳脫衣舞，更使得現場的女士們加速猛踩，想讓猛男全身脫個精光。就在猛男要露出重點部位時，竟吊胃口地跑到牆角躲起來，再來個回馬槍用手拎著脫掉的小內褲。最後，一絲不掛的猛男現身拿著牌子擋住重要部位告訴大家，「Contrex 礦泉水是你最好的健身夥伴，恭喜妳消耗了 2,000 大卡！」相隔一年，法國某個車站的舊建築物的臺階前，又放置了一整排的粉紅色腳踏車，正當大家將目光投向健身腳踏車時，那棟建築物突然地在聲光交錯中著起火來，光著身體的猛男大聲呼喊救命，陸續出現的猛男們揮手向現場女士示意，要眾人去踩腳踏車來救命。此時有位勇敢的英雌挺

身而出，跨騎腳踏車試著踩踏板，順勢而出的水柱則噴向走廊，全場一片譁然，女士們開始猛踩，企圖向牆面灌注更多的水來滅火，在眾志成城的意志下，火終於滅了。最後，全身濕透的猛男現身臺階前致謝，猛男以上半身人體排字「恭喜妳消耗了 2,000 大卡！」這種戲而不謔的性別訴求，巧妙地連結了瘦身與喝水的關係，實在是很高明的行銷手法。

案例四　「買一瓶只給半瓶」的礦泉水逆勢成長

如果一瓶果汁的價格 40 元，你付了錢卻只得到半瓶的柳橙汁，你會做何感想呢？中國礦泉水公司 Life Water 就大膽地實施「買一瓶只給半瓶」的礦泉水，改變包裝上市販賣。這看似違反人性的行銷活動，為何消費者會買帳呢？其實這算是一個公益性質的行銷策略。這家公司進行一項深度的市場觀察後發現，在日常生活中經常有人將喝不到一半的礦泉水任意的扔掉，在辦公室會議的桌面、大型活動的地面上到處可見任意丟棄的礦泉水瓶身影。或許是因為水資源豐富，和礦泉水的價格低廉，城市的民眾忽略了「水」是項珍貴的資源，及對於某些地區的重要性。而根據統計，這些每天在城市裡被任意浪費的礦泉水，若將未用掉的部分加總起來數量相當驚人，可以提供缺水地區 80 萬名兒童一年所需的飲水量。因此 Life Water 公司便決定透過這項「半瓶水」的活動來改變水資源被嚴重浪費的現況，於是 Life Water 公司變更 45 條裝配生產線的製程，每天生產 5,000 萬瓶「半瓶」的礦泉水，另外設計簡約形式的新包裝，瓶身分別印上缺水地區的兒童照片，而包裝上二維條碼可供消費者在掃描後了解更多關於缺水地區兒童的詳細資訊。在「半瓶水」新包裝正式上架後，Life Water 不僅實際援助了全球 53 萬名缺水地區的兒童，而公司礦泉水的銷售額呈現 652% 的驚人成長，在活動期間總計吸引超過 30 萬人的關注及 300 多家媒體的報導，使得 Life Water 品牌知名度與品牌形象大幅提升，市場上獲得的迴響遠遠超出原先預期。這個行銷活動的成功在於，深度觀察消費者行為，會扔掉半瓶水的原因是，對於大多數人而言，只需要半瓶水便足以解渴、滿足需求，而將多餘的半瓶水集中捐助到嚴重缺

水的地區，以幫助缺水地區的孩童們脫離缺水之苦，是個完美的資源連結，也塑造了公司參與公益、環保的正面形象。

案例五　IKEA 觀察社會現象打造相同空間

根據美國人口普查局 2009 年的統計顯示，所有婚姻中以離婚結束的約占 30.8%。因此在父母離異之後，有些家庭選擇由雙方共同承擔照顧子女的權利和義務，法院依據小孩的最佳利益來判斷做出共同監護權的判決，由父母雙方共同承擔對子女的撫養責任，所以雙方均有權對小孩的居住地、健康、教育、社會福利等做出決定，通常透過輪流安排探視時間和大致相同時間來撫養小孩，這對美國離婚家庭來說是很普遍的家庭協議，這也使得孩子的成長環境產生巨大的變化。孩子在父母離異後，不僅要承受親情受到分割之苦，還要習慣於每隔一段期間要到另一個地方居住的適應問題，現實中充滿著苦澀與無奈。父母離婚已經對孩子造成心靈的傷害與壓力，孩子需要更多的時間來調適生活的劇變。家具商 IKEA 了解到這個社會現象，為這個問題提供了一個緩解的方案。在 IKEA 的「Every Other Week」廣告中，可以看到一個較同年齡早熟的男孩，每隔一週就要去父母另一方家中居住。就在某一次週末時，正如往常地收拾他的行李，準備前往爸爸的住處，在離開媽媽的房子前還不忘記帶走自己心愛的畫筆。到了爸爸的房子，當打開門的那一刻，這個原本麻木老成的孩子再次綻開笑容，他驚訝地發現這裡的家具擺設，貼在牆上的壁紙，連最愛的畫桌和筆槽都和媽媽那裡相同沒有改變。這個方案的訴求是，或許父母離婚後，是一種無法回復的家庭現況，雙方的感情也像一道高牆豎立於親子之間。孩子雖然被迫分離，但是 IKEA 嘗試在父母各自的住處為孩子打造一模一樣的房間，這個做法可以減緩孩子在心理上與生活上的不適應，或許這也是彌補對小孩虧欠的一種補償方法。這個行銷手法的創新在於，離婚對於小孩的往返兩地的適應，原本是一種心靈的傷害，但是透過刻意地複製相同生活空間，可以讓小孩感受，父母雖然離異，但是對自己的愛意都不曾減少半分，也為這個存在已久的社會現象提供解方。

案例六　換個角度看——動物園命運大不同

　　位於北海道的旭山動物園，是日本最北邊的動物園。1994 年，園區爆發人畜共通的「胞蟲病」，唯恐蔓延引發社會恐慌，動物園立即關閉以隔離治療。但隔年重新開放觀光時，卻不見遊客捧場，業績滑落谷底。連當地居民對於去動物園遊玩也感到意興闌珊，因為園區裡的動物總是懶洋洋的缺乏朝氣，孩子們沒有興趣去看這些沒有活力的花豹、海豹、北極熊、企鵝等動物明星。於是園方開始了解動物起居的習性，企圖使這些動物重新振作起來。另一方面，園區也向小朋友做問卷調查，看看孩子們希望怎樣跟動物互動。回覆的意見顯示，小朋友希望抱抱花豹、看到動物追逐——例如海豹追逐企鵝、花豹追逐羚羊、看到企鵝能在天上飛。在探索動物生活習慣及與遊客互動的考量下重新設計各種動物之展區。觀察後發現，花豹喜歡在樹上居高臨下看著「獵物」，這會令牠們感到興奮。因此將展區搬到樹上，遊客便可以從樹下去觀察花豹的一舉一動，小朋友雖有點害怕，但可以從下方往上拍照，與花豹上下對看，形成有趣的互動。海豹原本棲息在池塘的中島，對於餵食秀也提不起勁，沒有胃口。後來知道原因出在海豹習慣上下游，不是左右游。於是園方設置兩層樓高的直立式水管，讓海豹開心的上下游走，有回到棲息地的熟悉感。當遊客靠近玻璃水柱時，海豹會好奇地遊過來，彷彿兩人在講悄悄話。而女生則喜歡隔著水柱擁抱海豹，與海豹親熱互動，餵食秀也吃個不停，食慾特別好。北極熊之前被飼養在冰冷的水池，過著無精打采的生活。園方在北極熊展區設計洞口，並用強化玻璃蓋住，保護遊客安全。當小朋友靠近洞口窺視北極熊的一舉一動時，北極熊會驚喜地以為看到「獵物」冒出來，遊客雖有驚嚇但卻開心。園方還在冰水中放置籃球，北極熊則是抱住籃球到處游。園方也在玻璃上塗抹蜂蜜，吸引北極熊舔食玻璃，遊客便可以近距離看到熊的俏模樣。企鵝的天性是喜歡在雪地集體行走，到處閒逛，對於發現新奇事物感到興趣。於是園方在冬季安排企鵝遊行，把遊客用強化玻璃保護起來，遊客可以近身看企鵝活動。園方了解企鵝喜歡水中穿

梭追逐，於是在水池子下方設計透明玻璃走廊，若從地下通道看上去，企鵝彷彿就在天空飛翔，小朋友富有想像力的童語竟然成真。就在園方大幅改造後，原本瀕臨倒閉的旭山動物園現在成為北海道的名勝景點。

案例七　漸凍人募款活動——冰桶挑戰遊戲

　　冰桶挑戰（Ice Bucket Challenge）是一項在 2014 年非常盛行且帶有公益性質的病毒式行銷活動，最早是由紐西蘭的一個癌症協會所發起，藉著「淋冰水」來表達對癌症患者及其家屬的關懷和支持，參加者會把過程拍攝成短片並在社群網路平臺上分享。輾轉相傳一段時間後，美國高爾夫球選手 Chris Kennedy 接受了冰桶挑戰，後來相繼被點名的都是肌萎縮性脊髓側索硬化症（ALS）的患者，其中洋基隊的 Pat Quinn 與同樣患上了 ALS 的 Pete Frates 被視為此活動的發起人，後來變成是專為「漸凍人症」患者的募款活動。冰桶挑戰活動發展出一套遊戲規則，挑戰的參加者必須將裝滿一個水桶的冰塊與水倒在自己頭上，並將整個過程拍成影片上傳至網路；參加者在完成挑戰的同時，也需再點名另外三人一同挑戰，被點名者則必須在 24 小時內接受挑戰或選擇向慈善團體捐款 100 美元。這個活動雖然不是刻意設計的行銷活動，但是在其擴散的過程中，透過冰桶潑向身體上到下裝滿冰塊的冰水，體驗漸凍人症那種「凍身」的感覺，頗能引起參加者的共鳴。冰桶挑戰使美國漸凍人症協會在 8 週內募到 1 億 1,500 萬美元（約 37 億臺幣），並有 67% 的資金投入治療漸凍症的研究。其中有 100 萬美元投入「Project MinE」計畫，專門發掘可能造成漸凍人症的基因。這項挑戰活動根據 Facebook 發布的數據，Ice Bucket Challenge 雖然 6 月份就開始，但是到了 8 月才開始以病毒方式傳播。歸結此項活動成功之原因，第一為遊戲規則簡單，只要將冰水淋到頭上即可。第二、拍攝影片上傳，靠著各界名人紛紛參加此項活動而吸引更多人的觀看。第三、可以指定三名挑戰者則可讓活動快速傳播，就像多層次傳銷一樣，人像雪球愈滾愈多。第四、被點名的人需要在 24 小時內接受與完成挑戰，使得病毒感染速度快速有效率。在這些因素皆俱全的情況下，使得冰桶

挑戰活動成為一項成功的病毒式行銷典範。

案例八　巴西嘉年華——避免酒駕及垃圾減量政策

每當臺灣跨年晚會，或是舉辦大型活動後，特別是春天吶喊、貢寮音樂祭等指標性的年度活動，在活動結束後常常可以聽聞垃圾滿地的新聞。而更具危險性的是，眾人在一夜狂歡後還飲酒助興，令人擔心的是酒客們還開車上路，造成路人與車輛的高度風險。而在巴西的里約內熱盧（Rio de Janeiro），每年2月中旬都會舉辦世界最大規模的嘉年華。這個為期約一週的嘉年華會吸引了約 200 萬來自世界各地的遊客。在活動期間，到處可以看見壯觀華麗的遊行隊伍，除了身著千奇百怪服裝的狂歡派對參加者外，還有喝得醉醺醺的遊客，不顧安全地酒駕上路，及隨手亂丟罐頭、包裝、殘渣所產生的垃圾。為了降低醺茫遊客的酒駕肇事率，並且減少垃圾製造量，巴西政府在 2013 年的里約嘉年華費心地設計創意方案，有效的抑制酒駕並且成功地回收垃圾，做了環保的最佳示範。那麼要如何做到降低酒駕和減少垃圾呢？主辦單位在嘉年華舉辦期間，將進入捷運月臺的刷卡旋轉閘門，改造成「啤酒罐旋轉閘門」。因此參加完嘉年華會的遊客在回程搭乘捷運時，乘客不需要捷運卡，只要拿一罐喝光的啤酒，在進入旋轉閘門時，用啤酒罐的條碼取代捷運刷卡，刷完的啤酒罐後再順勢丟進底下的洞口，既可回收資源減少垃圾，又可以鼓勵遊客用空啤酒罐免費搭乘捷運，可以無後顧之憂的平安回家。這項啤酒罐換免費搭乘捷運的創意，使得舉辦當日的捷運運輸量比平日多出 86%，且降低了 43% 的酒駕率。此外，免費兌換捷運的空啤酒罐，則透過資源回收進入資源再利用的循環。雖然捷運公司減少營收，但是預防酒駕所帶來大眾安全的效益，及節省清潔人員事後清掃的時間和精力，那麼一切的花費都是值得的。

案例九　真實情境感受的德國創意刷卡捐款機

隨著科技進步的日新月異，除了生活習慣的改變之外，消費方式也跟著

科技便利的程度而變化。根據歐洲 2013 年的統計，消費者支付款項方式，有 40% 是透過信用卡付費，這個資訊讓德國公益組織 MISEREOR 發想，在公共場所設置捐款刷卡機的可能性。於是德國漢堡廣告公司 Kolle Rebbe 與 MISEREOR 合作，創造出方便性與趣味性設計的互動式刷卡捐款機 PlaCard—The Social Swipe，放置在德國的各大國際機場。The Social Swipe 的外觀看起來像是一幅漂亮的設計海報，上方斗大的「Feed them！」讓人經過就立即映入眼簾。互動式刷卡捐款機的操作非常簡單，只要拿出信用卡由上往下刷，刷卡人立即捐出 2 歐元幫助第三世界的弱勢兒童，並由知名的行動付費公司 STRIPE.COM 為交易安全把關，免除刷卡人對於行動付費安全的疑慮。而刷卡捐款 2 歐元所代表的價值，是可以讓一個秘魯家庭用以購買日常食糧，或是從監獄中營救出一位菲律賓籍兒童。當刷卡後，螢幕畫面會隨機顯示兩組照片，分別代表貧窮地區常見的生活困境 —— 飢餓與兒童監禁，在兒童監禁方面，刷卡後就可以「切開」螢幕中被繩索綑綁的雙手，象徵為第三世界受監禁的兒童解開繩索。在飢餓部分，螢幕則顯示「切開」一塊麵包，並有一隻手伸出來取走，幫助貧困家庭解決「飢餓」問題。且當捐贈者收到信用卡的帳單時，信件夾著公益組織 MISEREOR 表達謝意的信函，更期盼信用卡主人將單次的捐款轉為每月捐助。慈善捐助的途徑其實很多，例如 ATM 轉帳、銀行或郵局匯款，用刷卡來捐款並非首見，但是這種捐款後能立即感受到對方困境獲得解決的創意，則是讓人耳目一新，也吸引更多人投入公益助人的行列。

案例十　幫助印度學童遠離疾病的沙威隆粉筆

　　雖然目前印度人已經開始用刀叉吃飯，但是「手抓飯」則是印度人長久以來的就餐習俗，而天真無邪的孩子們，喜歡用雙手來探索這個世界，用手來爬樹、玩樂、寫功課，還有開飯時刻用手來將食物送入口中。儘管在校園時，老師會教導孩子們吃飯前先洗淨手，再準備就餐。而用餐前雖會用水將手沖乾淨，卻沒有使用有殺菌功能的肥皂來洗手的習慣。這源自於家中父母

也是清水洗手，所以老師的叮嚀對這些孩子沒有任何的作用。然而在印度仍有部分地區處於惡劣的衛生條件下，學童長期暴露在充滿細菌的環境中，伴隨著衛生問題引發的疾病，使得孩童們產生了營養不良與智力發展不足的現象，若干較嚴重者甚至導致死亡。印度人長期以來的生活習慣，食用水和沐浴、便溺都在同一個空間發生，自然滋生的細菌，使得衛生環境變得更為險峻。既然積習難改，而透過教育、衛教宣導又是緩不濟急，難以立竿見影。於是沙威隆公司開始思考，能否在不改變現有生活的習慣下，利用創意的方式，來達到最終可以洗手除菌的目的。後來研究團隊發現，在印度偏鄉的學童們，普遍使用著小黑板與粉筆來學習寫字，於是這個貼近的生活觀察，使得他們著手研發「肥皂粉筆」，讓孩童們來練習寫字。而當他們練習後開始洗手時，原先沾著的粉筆灰遇水搓揉後就會產生泡沫，進而達到使用肥皂滅菌消毒的效果。後來這個創舉擴及到 22 個城市，100 所學校，在 4 天內吸引了 70 多家地方報紙媒體和電視新聞的報導，430 萬則推特貼文和 320 萬則臉書貼文。這個影響力逐步擴大，愈來愈多的學校、大型非政府組織都加入了這項創新公益活動。而印度最大的學校午餐供應商 Akshaya Patra 也加入這項改善衛生、減少疾病的義舉，最後沙威隆公司擬定了每天發放 100 萬支粉筆給學童的計畫。

案例十一　充滿愛的 DIY 儀表板，讓您不再超速

汽車駕駛超速的問題，在有高速公路的國家可說是都存在著這樣的問題。當我們時間有限而又亟欲到達目的地時，超速便會成為首要的選項。而不斷超車、變換車道會降低駕駛者臨危處置的能力，也干擾其他正常的車流，超速是除了酒駕以外，造成車禍的第二大原因，然而大家都抱持著僥倖的心態，潛在的危險因子也是這個社會的不定時炸彈。或許有千百種超速的理由，但是這個存在已久的社會現象，光靠測速或罰單是無法根除亂源的。而身為汽車製造商的福斯公司嘗試著為這個道路安全問題提供一個不同的解方。福斯汽車的主要客群為家庭，因而開始著手了解目標消費群在意的事

情。根據他們的調查，很多父母汲汲營營於自己的事業或工作，因此必須開車四處奔波，但是疲憊之際，或許就忽略了道路法規。而福斯汽車想藉由一項創新活動傳遞汽車安全的品牌形象，並且讓他們的主要或是潛在顧客了解安全駕駛的重要性。透過長時間的生活觀察，福斯汽車體認到在家庭中，親子是最密不可分的一種關係，父母會很在意孩子的看法，因此在紐西蘭展開了一項名為「Reduce Speed Dial」的實驗活動。福斯公司邀請了四個家庭來參加這次的實驗活動，先讓四個家庭和樂融融的悠閒相處，邀請這些家庭的孩子在平板電腦上作畫，根據儀錶盤的外觀，選擇自己喜歡的顏色，設計各種圖案、數字，用簡單的話語表達對父母的愛意。根據這個基礎，為四個家庭打造客製化的專屬設計，汽車公司將孩子們的作品複製到儀表板上，僅做外觀的改變而沒有任何的提示或警語。實驗結果顯示，在四個家庭中有三個家庭有了降低事故率的效果。其中一個家庭開車時速從平時 123 公里降到了 104 公里，實驗者 Collins 表示：「自從我們有了這個儀錶板後，開車就沒再超過 100 公里了。」說明了自製繪圖的儀錶板，能有效的減少超速行為的發生。根據福斯公司的研究，在開車的過程中，儀錶板是司機經常會看到的地方。這個手繪儀表板提醒著父母：孩子們的善良與愛意。而每當低頭看到儀表板上自家孩子塗鴉式的畫作和數字時，就會想到家中有著殷切等待自己平安歸來的孩子，因此要特別注意安全，不能超速。這個以心理學為出發點的行銷創意，結合理性的安全考量與感性的家庭情感連結，也為超速駕駛提供了客製化且溫馨的解決方案。

案例十二　顛覆黑色星期五──REI 讓員工帶薪休假

　　總部位於西雅圖市的零售商 REI，是美國最大的戶外裝備和運動用品連鎖店，REI 公司是以合作社的形式來經營，擁有大約 5,500 萬名會員，其營業額至少 80% 來自於會員。出乎市場意料之外地，REI 選擇在 2015 年感恩節後的一天的「黑色星期五」不營業，全美 143 門店上萬名員工都帶薪休假。依照歷年來的統計顯示，感恩節購物潮可以創造 1.83 兆元臺幣的單日營收，

平均每人消費約 1.3 萬元臺幣，對美國許多商店而言，代表著偌大的商機，甚至有些商店是靠感恩節前購物潮才讓整年營收轉虧為盈的。在感恩節購物旺季，到處可見商店促銷、限時搶購、大排長龍的隊伍，犧牲原有的獲利機會，且他們的競爭對手迪卡儂或是 The North Face 可能正在積極促銷戶外露營商品，卻不會動搖這個閉門歇業的決定。有別於其他企業間的削價競爭，叛逆的 REI 卻希望樹立新的「黑色星期五」傳統，鼓勵人們到戶外走走，而不要花時間逛街購物。為了推廣這個戶外度假的理念，REI 成立了一個名為 #OPTOUTSIDE 網站，提供當地遠足資源。這句標語 #OPTOUTSIDE 結合了 opt out 以及 outside 兩個字，同時包含了「選擇不參與其中」以及「戶外」的意思，REI 鼓勵他們的員工和消費者親近大自然，不要盲從地去擁擠吵雜的環境購物，而應放自己一天假，到戶外活動，也藉此呼應「創造在戶外美好體驗」的品牌定位。而 REI 也拍攝了 100 秒的宣傳影片，以新聞主播大聲報導「黑色星期五」感恩節購物潮為背景，畫面上出現 #OPTOUTSIDE 字樣，和 REI 感恩節前不營業的聲明。這支影片深深地撼動美國人心，在網路上快速轉載流傳，創造了前所未見的討論流量，獲得了 670 億的媒體曝光數與 12 億的社群曝光數，黑色星期五不營業的影片在 24 小時內衝破了 27 億的點閱流量，不僅帶來正向的品牌形象，並吸引超過 150 家企業共同響應支持這個訴求，美國數以百計的公園因認同理念而開放免費使用，140 萬人真的從室內走向戶外，#OPTOUTSIDE 創造前所未有與自然共舞的黑色星期五驚奇。

重點回顧

● 每天閱讀 500 頁，你會發現知識是如何運作的，知識的威力就像「複利」一樣地無限累積。

● 透過閱讀可以將別人的經驗內化為自己的，廣泛的閱讀讓我們視野開

閣，由別人描繪的經驗來修改我們的設計，進而創造出新的事物。

● 透過思索整理各種概念的過程，可以促進各種不同知識的連結，較容易產生靈光一現的創意。

● 當許多不同領域的想法、專長和知識能互相融入交會，彼此交流、學習，打破領域與文化的界線，就很容易造就突破性的發展，可以創造很多新事物與新觀念。

● 創新大師 Rowan Gibson 歸納創新者的共同特點，就是善於用不同的稜鏡、不同的角度來看同一個世界，也因此看到了別人看不到的一些機會、商機。

● 法國作家夏多布里昂說：「獨創性的作家並不是指不模仿任何人的人，而是指任何人都無法模仿的人。」一個已經練就功夫的創意人是很難被模仿的，但是他們也從臨摹別人的風格開始。

● 早稻田商學院教授井上達彥將觀察他人言行並加以模仿，稱為「代理學習」，這樣做有兩個好處：第一是可以降低風險，避免嘗試錯誤的成本。其二是可以縮短學習時間，將別人的成果當成出發點。

● 平時很有創意的人，有時候也會面臨瓶頸，這時候跨界去看看，或許會有意外的收穫。國際時尚知名設計師吳季剛，他的創意來自於大量的吸收各種資訊，特別是跨界的刺激。

● 迴轉壽司的創始人白石義明，在一次參觀朝日啤酒廠時，運轉中的啤酒瓶運輸帶使他靈光乍現，就開始以輸送帶取代服務生送餐，不僅解決用餐時段人手不足的問題，還將迴轉壽司塑造成一種文化象徵。

● 有敏銳嗅覺的人，可以提早判斷趨勢的走向，在恰當的時機提出順應潮流的創意。例如茶飲料，最初不喝隔夜茶，之後流行罐裝茶，造就「開喜烏龍茶」的銷售奇蹟，現在即飲茶是主流。

● 低頭族是智慧型手機盛行後的社會現象，但也是交通安全的危險因子，許多國家發揮創意來減低社會風險。2011 年德國科隆率先設置地面警示燈，提醒民眾車輛接近。其後澳洲雪梨也在地面設置紅綠燈，

方便低頭族以眼角餘光來判斷是否可過馬路。荷蘭更以 LED 改造人行穿越道為「地面紅綠燈」，來告知低頭族交通號誌的情況。

習題

1. 閱讀可以讓我們獲得知識，而知識要如何應用或是連結才是最恰當的呢？知識與經驗有何不同？知識與經驗的關聯為何？
2. 「梅迪奇效應」是什麼？過去文藝復興的成功因素為何？跨界應用對現代文明造成了什麼影響？
3. 如果我們以嶄新的觀點來看待這個世界，用不同角度看事物，就會有新的發現。你曾經觀察發現歷史建築或古蹟，也可以賦予新時代眼光來改造或經營？
4. 模仿聽起來像是負面的字眼，請問模仿與創新有關嗎？發明家或是創新者的點子向來都是自己的想法嗎？
5. 在其他國家的社會文化流行的事物，是否可以複製成為我們的創意？在引進外來的流行創意時，是否有什麼需要考量的地方。

參考文獻

洪蘭（2005）。閱讀，讓你的腦更有創造力！科學人雜誌，45 期。

洪蘭（2012）。活化大腦，激發創造力。天下雜誌，263 期。

劉軒（2015）。創造梅迪奇效應，Men's uno《男人誌》，2015 年 1 月號。

羅恩‧吉布森（2016）。創新看得見──激發創意、獲得嶄新洞見 4 工法，管理與創新，第 623 期。

高宜凡（2012）。創新不必驚人技術，遠見雜誌，第 307 期。

符芝瑛（1999）。今生相隨：楊惠姍、張毅與琉璃工房，臺北：天下文化。

歐迪德‧先卡（2010）。模仿比創新更有價值，遠見雜誌，第 286 期。

鄭君仲（2007）。員工同心協力，就能做到舉世聞名！這家西雅圖的小小魚舖，
　　　賣到福特都來取經，經理人月刊，第 17 期。

林之晨（2013）。搞「爛創新」不如先好好模仿，商業週刊，2013 年 5 月。

整合行銷部（2015）。創新不是前所未有，用加減乘除思考點玩出新創意！，經
　　　理人月刊，2015 年 9 月。

彭思舟、許揚帆、林琦翔（2009）。山寨經濟大革命——模仿為創新之母，臺
　　　北：秀威資訊。

張寶誠（2008）。精實管理流程創新（上），經濟日報，2008 年 4 月 13 日。

張寶誠（2008）。精實管理流程創新（下），經濟日報，2008 年 4 月 20 日。

蕭瑞麟（2016）。北海道旭山動物園創新物語，中國時報，2016 年 1 月 8 日。

徐仁全（2014）。我不簡單，我也不難，但我很堅持，《30》雜誌，第 116 期。

天下雜誌（2011）。21世紀醫療城興起，天下雜誌，第 391 期。

蔡佳玲（2008）。一番現泡茶——茶莊妻改良咖啡機捨棄桶泡醞釀茶香，蘋果日
　　　報 2008 年 6 月 1 日。

李欣宜（2015）。無人機起飛！，數位時代，第 250 期。

編譯中心（2016）。無人機送披薩吃到了！，世界日報，2016 年 11 月 17 日。

彭仁柏（2015）。法國泡泡旅館讓整夜的星空陪著你睡，服務創新電子報，2015
　　　年 8 月 18 日。

國際中心（2016）。空汙有多糟倫敦藝術家製「空氣監測衣」，蘋果日報，2016
　　　年 10 月 17 日。

林慧欣（2013）。讓城市更聰明的妙點子：IBM 的廣告牌巧思，社企流，2013 年
　　　9 月 1 日。

肖婕（2016）。中國空氣汙染嚴重提振澳洲商機，大紀元，2016 年 3 月 18 日。

艾米（2016）。大陸空氣汙染帶來的商機，法廣中文部，蘋果日報轉載，2016 年

3 月 6 日。

張祈（2016）。臺泥跨足生技愈擦愈環保，中國時報，2016 年 11 月 25 日。

楊欣慈（2016）。「冰桶挑戰」募 1 億美元幫助找出漸凍症基因，自由時報，
　　2016 年 7 月 28 日。Selena Hoy（2017）。以稻田作畫的日本景觀藝術，英倫
　　網，2017 年 3 月 23 日。

許佳惠、郭宏任（2017）。勇嬤一紙小抄闖半球探女兒從南美回臺，蘋果日報，
　　2007 年 5 月 29 日。

黃如萍（2015）。永保安康暴紅，中國時報，2015 年 7 月 15 日。

戴瑞芬（2017）。陸人太愛闖紅燈只好「拉繩」攔住路，聯合報，2017 年 8 月 27
　　日。

關鍵評論（2016）。低頭族救星！德國花 16 萬歐元把「紅綠燈」鋪到地上，2016
　　年 5 月 6 日。

獨家報導（2017）。各國降低低頭族交通事故 LED 燈條、地面警示燈出籠，獨家
　　報導，2017 年 7 月 31 日。

楊瑋筠（2003）。創意領先敏銳觀察、領導市場三十年，王偉忠從大量閱讀提煉
　　創意元素，商業週刊，第 805 期。

Austin Kleon（2013）。點子都是偷來的：10 個沒人告訴過你的創意撇步，譯者：
　　張舜芬、錢佳緯，臺北：遠流。

CT Jennifer（2016）。這家礦泉水公司靠只賣半瓶水銷售額居然提升 652%，中國
　　時報，2016 年 2 月 24 日。

iFanr 愛範兒（2017）。把設計師扔上外太空？宜家跨界 NASA 和蘋果，決心打造
　　最潮的居家設計！，INSIDE 授權轉載。

作者簡介

蔡玲瓏

成功大學企業管理博士,現任國立屏東大學文化創意產業學系專任副教授,開授大學部產品創新與開發,及碩士班產品與服務創新發展研究等課程,曾任屏東教育大學研究創新社群召集人,舉辦創意與創業相關之工作坊,多次帶領學生參加跨校創新競賽與獲邀擔任創意競賽之評審。

8 創意產業群聚與創意街區

　　區位（location）是指某一主體或事物所占據的場所。某一經濟體為了活動所占有的場所稱為經濟區位。個別生產者對其生產區位的選擇，不但影響廠商的經常成本（overhead cost）與生產成本（production cost）同時亦會影響到廠商追求利潤最大化的目標。因此區位的選擇與該產業的發展與存續與否，端視該產業於此區位中是否具有比較利益而定。透過周詳的區域規劃與評估所選擇的區位，除了在成本上較具競爭性外，並可降低該產業之營運風險，求得利潤最大化目標。受到全球化的影響，產業發展為了適應在世界分工之下的競爭，如何創造產業群聚便成為重要的關鍵課題。為了創造競爭優勢，產業群聚所帶來的群體競爭優勢和急遽發展的規模效應，是一般經濟型態所不可比擬的（楊敏芝，2009）。

第一節　產業群聚

　　在近年經濟地理學界的學者研究中，產業群聚已是熱門議題。群聚是指企業、供應商、相關產業和專業機構集中於某一地理區位的一種現象，包括上、中、下游的產業，以及互補性產品的製造商與相關公司，另外還包括了政府與其他機構等，以提供專業的訓練、教育、資訊、研究，以及技術支援，其範圍界定依據是對競爭最為重要的產業和機構彼此間之連結與互補。在國外，政府人員認為它特別的好處是具有能吸引的效果，也能促

進地方都市及世界經濟。另外，群聚已成為許多城市和地區要求的目標，即能增加專業化，也會導致增加生產力水平，經濟增長和就業機會（Cumbers & MacKinnon, 2004）。

群聚是產業呈現地理性的趨近現象，自 Marshall（1916/1890）探討產業空間集聚，後來的經濟、經濟地理與都市研究學者嘗試從不同角度切入研究，Porter（1990）在《競爭論》提到競爭力理論最重要的觀念是群聚，透過群聚來解釋企業、產業的空間聚集，通常出現在一國、州省或城市的特定區域（李明軒等譯，2001）。其他學者也從規模經濟，聚集經濟，外部效果等觀點討論群聚和群聚所帶來的好處。Weber（1909）工業的區位理論中談到影響——經濟體的區位的因素——聚集因素（agglomeration factors），競爭性企業或非競爭性之企業移置相同之生產地，也是聚集產業使廠商到大規模生產的經濟利益，使同業或非同業得以分享工業生產設備及機構之方便，因而降低生產成本（李朝賢，1993）。區位的選擇受到以下幾點的因素：(1)政治社會因素；(2)經濟因素；(3)自然環境因素；(4)實質設施因素。區位的選擇常以比較利益而定，利潤最大化目標需有周詳的區域規劃與評估成本考量，並可降低該產業之營運風險。

但知識經濟時代科技產業與知識密集產業群聚逐漸受到關注，全球化經濟思維興起，資源條件的流動性大幅提升，產品、服務、技術、資金、人才等市場的發展與自由化，以及製造技術、交通網絡轉變，傳統區位制約作用下降，影響獲利與成本之因素與傳統產業發展截然不同（閻永祺、孔憲法、王鳳生，2009）。群聚的意義不單是產業集中具有地理鄰近性，還有產業發展與社會網絡（social networks）緊密的整體關係，產業鏈上廠商間既競爭又合作，不同產業彼此呈現橫向擴展或縱向延伸的專業化分工格局，帶來企業或個人間的經驗移轉交流等現象產生「群聚的效應」帶來經濟效益。

產業聚集外部經濟效果是政府推動產業生產園區設置及促進地方經濟發展的主要手段之一，對於促進地區的持續成長、提升國民生活品質，均扮演著重要的角色（吳濟華等人，2012）。回顧前人研究成果，產業群聚理論

的應用從傳統製造業到高科技產業，不斷增加文化（創）產業群聚的研究。Florida（2005）的創意階級理論引發極大重視，創意階級逐成為都市再生（regeneration）的政策工具。Mommaas 亦提出文化產業之生產者與消費者皆有群聚或區位重合（co-locate）現象。在歐洲，歐盟推動 European City of Culture 方案，以創意群聚作為都市再生的策略（Mommaas, 2009），如好萊塢電影與電視群聚、矽谷的高科技產業群聚、倫敦的設計與廣告群聚、巴黎及米蘭的流行精品群聚（Flew, 2010）等全球各地知名案例，群聚中的廠商透過各種關係來交流知識，匯集多元專業人才。

　　產業群聚的概念，代表一種思考國家和城鎮經濟體的新方式，並指出企業、政府和其他法人機構致力於提升競爭力的新角色。有些學者相信，群聚可獲得公司之間緊密連結所產生的效益；也有人認為，這跟可獲得共同地點的好處有關，也就是他們所稱的「溢出效益」（spillovers）；還有人聲稱，這是因為有某些活動必須面對面接觸。但真正最重要的原因是要讓人才聚集，然後從中攝取他們帶動創新與經濟成長的能量。在現今經濟型態下，因這樣的集中而得以快速動員利用人才，這種能力乃是企業的一大競爭優勢（Florida, 2005）。另外，組織和關係的機構制度因素也很必要，因為一個產業群聚的優勢，密切仰賴個人和群體之間的連結點和關聯。在核心區域中，來自不同領域的洞察力、技能和技術匯集聚在一起，激發出新的事業。多重交會的產業群聚出現後，會進一步降低進入障礙，因為潛在加入者和擴散效應來自好幾個方向，多角化的學習也刺激創新（李明軒等譯，2001）。

第二節　創意群聚

　　文化反映了生活的方式，而創意則是推動文化演化的動力，城市發展文化創意產業的基礎工作就在培育創意，將其內化為城市生活的主軸，萌發創意生命力（葉晉嘉，2010）。創意城市、創意群聚應運而生，Flew（2010）認為創意群聚的發展動機，包含打造城市品牌策略、建立新形式的文化基礎

建設、發展文化多元性、活化舊產業園區利用等，兼容許多面向和產業類型。城市所得到的經濟上利益，也保存自身特性的文化，塑造居民對城市的認同，建立獨特的城市形象與品牌（葉晉嘉，2010）。因此在全球化與區域整合的發展新趨勢之下，集群的概念已經對創意產業的思維和政策產生影響。

　　臺灣自 2010 年制定並頒布《文化創意產業發展法》，將文化創意產業定義為「源自創意或文化積累，透過智慧財產之形成及運用，具有創造財富與就業機會之潛力，並促進全民美學素養，使國民生活環境提升之產業（文化部，2013）。」十年來，臺灣除了公部門所規劃的文創園區，其他藝術文化團體也集結不少既有或新設的創意空間，並運用不同的行銷手法吸引同好甚至觀光群眾，產生創意文化群聚現象，與空間所在的社區、居民、其他店家、政府角色、觀眾互動促成具特色的創意城市群聚。

　　城市群聚效應將促使地方治理逐漸取代國家機構成為全球治理的主體之一（林志銘，2011）。對於文化及創意產業的名稱、項目與定義其實各國不盡相同，但相同的比較一般產業最大差別，文化創意產業的來源具有很強的「原創性」，通常源自在地的傳統文化與核心藝術；或者源自於個人的創造力與才能知識（劉曉蓉，2006）。創意群聚指的是具有下列四大特色：(1)創意人聚集的區域，每個人對新奇的事物展現高度興趣，但不一定對同一主題有興趣；(2)區域內大家彼此交流、刺激，相互碰撞產生更多靈感；(3)區域中提供多樣性、靈感刺激、以及自由表達的環境；(4)扎實的、開放的、卻也不斷變化的人際網絡，個人的獨特性與身分認同可以孕育成長。

　　談到創意階級的群聚，在現今的時代中，創意產業不斷被重視，而創意產業也與其他產業一樣，在地理空間上往往會有聚集的現象。在創意產業中，創意資本來自於人才，被 Florida 稱之為「創意階級」。創意階級的特徵在於：所從事的工作是要創造有意義的新形式（create meaningful new forms）。這個新興階級的超級創意核心其中包含了藝術家、文化人士、詩人、科學家、工程師、大學教授與演員……，另外也包括在知識密集產業工

作的創意專業人士，像是高科技、法律、醫療、企管等。以創意解決問題，或運用許多複雜知識找出創新的解決方案。Florida 發現創意中心的成功，並非憑藉擁有自然資源或地處交通要衝等傳統因素，也不是倚靠當地政府給予財稅優惠或其他誘因吸引企業進駐，主要是因為很多創意人想住在這裡。當人才聚集，企業便隨之而來。創意中心提供多元整合的生態系統環境，在那裡不論藝術、科技或經濟領域，各式各樣的創意都得以生根茁壯（Mark J. Stern & Susan C. Seifert, 2010）。

在全球化與區域整合的發展新趨勢之下，群聚的概念已經對創意產業的思維和政策產生影響。創意群聚指的是具有下列四大特色的地方：(1)一個創意人聚集的社區，而這些人對新奇的事物都有高度的興趣，雖然並非都對同一主題有興趣；(2)一個可以發揮觸媒效果的地方，讓人、關係、觀念、以及才華可以相互激撞產生火花；(3)一個可以提供多樣性、靈感刺激，以及自由表達的環境；(4)一個扎實的、開放的，以及不斷變化的人際交換網絡，讓個人的獨特性與身分認同可以孕育成長。而在文獻資料發現創意產業往往會趨向在都市產生群聚，都市擁有新的信息和豐富的經濟實務的據點，激烈的互動和共享的思想和見解，從而快速學習和創新（Turok, 2002）。城市群聚（urban cluster）效應將促使地方治理逐漸取代國家機構成為全球治理的主體之一（林志銘，2011）。根據 Scott 的看法，產業群聚具有降低產業交易的成本、加快資本與資訊在產業體系流通的速率和強化商務往來的社會連結關係。在群聚建構出互動密切且異質性高的產業連結網絡，持續激發產業的創意力與創新力，維持該地區產業在今日全球經濟的優勢地位。換言之，產業群聚之所以依地理集中，原因是彼此鄰近有助於生產力和創新，讓產業群聚獲得好處。交易成本下降、資訊的創造流通得到改善、地方機構更能隨時回應產業群聚的專業化需求，也更容易感受到同儕壓力和競爭壓力，因此，它具有群體競爭優勢和集聚發展的規模效應，是一般經濟型態所沒有的（李明軒等譯，2001；楊敏芝，2009；鄧玉英，2005；Cumbers & MacKinnon, 2004）。

第三節　藝術群聚

　　藝術群聚起因主要可分為兩個主要的力量，其中一項是自發性群聚，以及政策性群聚。

一、自發性群聚

　　藝術創作者對於空間的特殊需求有助於群聚的力量（仲曉玲、徐子超譯，2003）。大多數產業群聚的成長，是獨立於政府行動之外。產業群聚的成型，出自當地既有優勢的基礎，要判斷一個產業群聚是否值得繼續發展，得視它的基本元素是否已經通過市場的考驗。在藝術中心區的邏輯中，談到藝術中心區提供了與其他創作者的互動機會，而且創作者可以針對創作者問題的詮釋及解決方法進行交流，無疑的這是吸引大多數創作者的主要原因，而這類中心區的其他魅力也與此種因素相關。這一類的案例在臺灣並不多見，較著名的包括臺北寶藏巖國際藝術村、臺南海安路神農街一帶，在中國田子坊亦屬於此類。

二、政策性群聚

　　據藝術產業群聚的文獻資料及實地觀察，政府在藝術產業所扮演的五項角色：(1)形成總體經濟和政治上的穩定性，例如政府提出文化創意產業的發展，並推廣軟實力；(2)改善藝術產業整體中個體經濟的一般能力，主要是改善一般資源的效率和品質；(3)建立藝術產業整體的個體經濟規則，與監督競爭的誘因，而且此種競爭有助於生產力的提升；(4)使藝術產業群聚的發展與升級更順暢；(5)發展與執行一個積極、有區隔、且長期的經濟活動方案，或改變流程，使政府、企業、機關和人民，既能提升一般的商業環境素質，也能形成本地產業的配套條件。在政府所扮演的角色，可在文化創意園區所

見，政府透過創意園區的成立，給予藝術創作者提供服務及經營之產業。文建會提及，政府執行創意藝術產業之目的在於將原創之源頭，透過法令、制度、計畫之執行、現況之研究等，協助藝術創作產業化。

　　政策群聚主要代表地點為文化部所主導的五大園區，依據「創意臺灣─文化創意產業發展方案」，推動酒廠的改造為文創園區，全案執行期程為 98 至 102 年，希望能夠達成「產業群聚效應」，五個地點包括：(1)華山 1914 文化創意產業園區；(2)臺中文化創意產業園區；(3)花蓮園區；(4)臺南園區；(5)嘉義園區。各園區之產業定位分別為：(1)華山園區為「文化創意產業、跨界藝術展現與生活美學風格塑造」；(2)臺中園區為「臺灣建築‧設計與藝術展演中心」；(3)嘉義園區為「傳統藝術創新中心」；(4)臺南園區則為「臺灣創意生活產業發展中心」；(5)花蓮園區為「文化藝術產業與觀光結合之實驗場域」。（經濟部，2008）在政府政策推動的藝術計畫之中，藝術被提高至明顯的位置，獲取展示的空間與資源；另外，藝術也被有效的安置與使用，成為一種服膺於政府的城市治理邏輯的工具與方法，並為參與都市更新的商業集團服務。

三、藝術群聚生態分析

　　藝術群聚生態與一般產業群聚生態不同於人才的重要性。從產業鏈的基本型態來表現為上游的原創研發、中游的生產製造及下游的銷售發行（楊敏芝，2009）。結合藝術產業，上游部分為藝術產業之關鍵重點在於人才，藝術家的創意和靈感為此產業的靈感階段。對藝術家而言，一方面需要藝術創作的資源與支持，但另一方面，追求自由又是藝術的本質。中游的部分，藝術的創作目的在某一方面是希望透過行銷展售的過程，而獲得可觀的佣金。在此階段，可見到藝術家與畫廊的合作，由畫廊負責行銷、尋找顧客、進行說明，幫助藝術家的知名度提升。另外，藝術家也會透過公共空間展示個人作品或參加藝術博覽會銷售其作品。文建會也提及為提振國內藝術產業，提

供藝術家更多發展平臺，健全畫廊產業市場，文建會和畫廊協會合作辦理藝術博覽會，在此希望藉著提供專業、便捷、多元的服務，建立藝術博覽會成為亞洲藝術的重要網絡，成為華人、亞洲，及歐美藝術家、收藏家與民眾的交流平臺。下游部分主要角色為消費者，從藝術拍賣的市場（蘇富比、佳士德藝術拍賣會）來看，顧客通常為社會中高階級的，例如富豪的收藏家、大企業（奇美）或政府機構（美術館）；另外在經濟繁榮下，一般大眾也是常客，從複製品和周邊商品市場來看，則為大眾市場。（陳冠君，2010）

四、藝術群聚效益

藝術產業的群聚在文獻資料中，提及產業群聚的優勢，而將此論點來探討藝術產業並以產業鏈的方式說明群聚對每個階段的效益與優勢。就臺灣已經密集發展了近三十餘年的藝術相關市場、機構與周邊行業而言，藝術產業並不是一個全新的產業或觀念，而是一個新的「產業化」概念的推動與實踐。其核心價值包含三項構成要素：第一、以創意為內容的生產方式；第二、以符號意義為產品價值的創造基礎；第三、智慧財產權的保障。視覺藝術產業的目標在於讓藝術的創作、藝術品的展覽、流通與服務發揮高單位的經濟效益（文建會，2008）。

1. 藝術創作者聚集效益

依藝術家和創作者的角度來看，他們是推動區域經濟成長的動力，也是經濟成長的關鍵，而這些人喜歡創新、多元、包容的地方。對於創作者及經紀人來說，能以低價獲得其他相關服務的便利性則是另一種對藝術中心區的向心力。在大型藝術中心區，那些提供專業周邊服務的業者也因此可找到足夠生意來支付經營上的固定成本。但在內部的交會點上，藝術產業群聚的發展通常特別激烈。在核心區域中，來自不同專業領域的洞察力、技能和技術匯集聚在一起，激發出新的作品。多重交會的藝術產業群聚出現後，會進一步降低進入障礙，因為潛在投入者和擴散效應是來自好幾個方向，多角化的

學習也能刺激創新。

2. 中介者及藝術市場

對於中介者（畫廊、經紀人、守門人），藝術市場必需承擔極高的資訊成本：因為眾多且獨特的藝術創作，讓顧客對於藝術品的研究成本極為高昂（無窮變化的特性）。此外，許多當代藝術品不輕易被外界所知，這也讓經紀人更需要扮演權勢者角色以協助潛在買主挑選符合其品味的藝術品。所以對經紀人來說，創作者的群聚也節省了他們在挑選具代表性藝術家時的成本（郭書瑄、嚴玲娟譯，2008）。

3. 藝術產品終端消費

對於藝術作品來說，能賣個好價格極為重要，而消費者則是決定價值的終結者。在藝術群聚區域的吸引力，當消費者購物喜歡貨比三家的情況，他們的購物預算會隨供應商的集中而降低。再來，當供應商的商品愈具區隔性時，彼此的鄰近性就不會造成價格上的競爭，也因而減少因鄰近而產生的競爭。對於藝術消費者而言，購買藝術品本身的費用才是主要的支出，而前往遠處藝術中心區的交通成本，並不會降低能夠一次集中購物所帶來的優勢。最後就集聚藝術產業，對於各個階段帶來的效益，能夠證實藝術的聚集能降低資訊交流的成本，吸引不同領域產業進入，更能激發藝術創作的創新，達到較高的價值，對於該區域發展也有進一步的競爭優勢。

第四節　創意階級與創意街區

一、創意階級

創意階級（Creative Class），所從事的工作是要創造有意義的新形式（create meaningful new forms）。這個新興階級的超級創意核心（super-creative core）包括：科學家、工程師、大學教授、詩人與小說家、藝術家、藝人、演員、設計師、建築師，以及現代社會的思想領導者，如：編輯、文化人士、智庫研究員、分析師與其他領導者。另外還包括在知識密集產業

（knowledge-intensive industry，如高科技、金融服務、法律、醫療、企管等）工作的創意專業人士（引用傅振焜譯，2006）。本研究主要針對創意階級中的核心創作族群之一的藝術產業為探討對象。另外，國內現今關於藝術產業群聚的分析研究比起其他產業來得少。但無論如何，相關研究顯示藝術產業跟其他產業一樣，在地理空間上往往會集聚一起的現象。本研究將鎖定主要屬都會區中藝術產業較為群聚之區域。產業群聚於該區域，其中它可能包含產業生產整個的過程和涉及的範圍。而在藝術產業的空間聚集上，相對的在技術、知識和創造力上也達到某種程度上的聚集，再透過產業間的交流，對於該區域孕育出新的發展與可能性。另外，對於區域發展產生地方獨特性，也是一個區域的知識創建、共享訊息和知識及集體學習的空間，對於藝術產業業者的想法和相關產業引發最有效的發展，而形成一社交的網絡。此密集的社會網絡能建立一個動態的氛圍，激勵創新，吸引人才、投資和增長生產，所以聚集於某一空間上，可以作為藝術創造力的催化劑。

由 Florida 所提出的創意階級（Creative Class）觀點，創意工作者喜好具有創意氛圍的地方，會群聚在具有包容性的社會環境，人才的群聚將促進創意產業的成長，進而帶動地方發展與經濟成長（傅振焜譯，2006），因此政府盼透過政策工具聚集創意人才出發點是好的。Landy（2008）更提出創意城市（creative city）作為城市管理的策略思維，認為創意群聚（creative culster）是都市發展的重要資產。但創意城市所提到的創意群聚是指群聚的產值，是由生產需求，然而學習科學園區，採用政策劃定園區形成廠商群聚，其本質為追求經濟產值的消費需求。政府執行創新產業鄰近性期盼帶動區域發展與成長，但若未深入了解產業情況，當產業聚集之地理鄰近性並非必要或是帶動效果不大，此種規劃便可能造成空間資源的錯誤配置（吳濟華、李亭林、陳協勝、何柏正，2012）。以許多前人研究和目前五大園區發展現況觀察，建物的整修與周邊環境的改造雖具有改善區域環境品質的外部性效果，但對於藝文產業的扎根、發展的幫助卻有限，且目前五大文化創意園區委外經營的狀況尚無法達成既定之財務目標，文化部也積極調整目前的做法

期望文化園區的發展經驗能夠轉型。

二、創意街區

　　相較於文化園區與藝術村，也有許多創意工作者選擇進駐街區，位於都市繁華的商業區域或富有年代的老街區，稱為創意街區，本研究再依都市經濟活動力強弱，進一步分類「商業街廓型」創意群聚與「老街區再利用型」群聚。

　　商業街廓條件中所帶來的人潮讓更多作品能見度增加，也發展周邊商品，吸引創意工作者進駐開店販賣商品或提供服務、展示作品、舉辦活動、提供教育資訊等，而商業街廓雖已具商業貿易能量，但透過創意工作者在開設創意店舖，為城市增加話題與特色，進而吸引觀光目光與效益。國際上熟知的案例，美國紐約的蘇活區、日本東京的代官山等，因為創意群聚對都市仍有持續加乘效果，因此在臺北市亦從 2011 年開始，將十一處商圈聚落，規劃成創意街區：粉樂町街區、民生社區／富錦街街區、永康青田龍泉街區、溫羅汀街區、西門町街區、艋舺街區、中山雙連街區、牯嶺街街區、天母街區、故宮／東吳大學／實踐大學街區、北投溫泉博物館街區，以創意作為城市行銷的重要手段。除了臺北市之外，在臺灣部分縣市也有此行銷策略，例如東海藝術商圈、臺南國華街／正興街商圈等，其基地原為服務地方之社區型商圈，逐漸有創意工作者進駐，以宣傳與文化創意活動打出知名度，並逐漸擴大創意街廓範圍，一開始並不是政府直接介入。

　　除了商業街廓外，另一類受創意工作者青睞而聚集的街區為城市中的歷史街區，本研究稱為「老街區再利用型」群聚。社區總體營造角度來看，「歷史街區」常為歷史建築、聚落、民俗等綜合呈現。這些街區特色，例如合宜的環境、熱鬧的在地節慶活動、特殊的地貌風景或珍貴的文史資料等能夠吸引創意工作者（祁政緯，2012），創意工作者進駐老街區，結合歷史文化元素、傳統的建築，用帶來的藝術美學氛圍，保存與轉化老街區特色，達

到活化再利用，因此在臺灣有需多將創意經濟帶入社區營造之模式，幫助當地發展，再創價值，著名案例：剝皮寮老街、淡水老街、鶯歌陶瓷老街、九份老街，以及正在發展中的大稻埕街區。除此之外，臺灣的老街區也多屬於過去繁榮的商業地帶，現已沒落的商業區，居住人口少，環境單純，因應創意工作者多為微型產業或創業者，資本額低造成競租能力較弱，基於成本效應的租金考量，老街區伴隨租金低廉、使用負擔較小，也是吸引他們進駐的一大條件。

　　一個有創意的城市，最終會建立起屬於自己的風格，當有了風格就會樹立口碑和品牌，以其吸引更多創意人才的進駐和慕名而來的遊客的消費，城市便以創意打造出一個正向循環（祁政緯，2012）。但不同的群聚空間有其特色，但也都存在須解決之問題，如老街區為早期發展區域，街道較新開發地帶狹小，且因產業沒落，街廓已演變為單純居住空間。當創意工作者進駐後，改成住商混用時必然帶來擁擠性以及噪音等問題，是否有良善解決方法和居民溝通、補償之道，都是需思考的問題。

　　下表彙整國內外具有藝術群聚現象之案例，依據成立之年代排列順序，另外將藝術區群聚之單元做整理如下：

表 1　國內外藝術群聚現象案例

群聚地點	年代	群聚單元
紐約百老匯戲劇產業園區	1750 年	戲劇產業
好萊塢影視產業園區	1911 年	影視產業
東京立川公共藝術區	1911 年	公共藝術、辦公樓、大型百貨公司、電影院、圖書館
倫敦南岸藝術區	1951 年	劇場、跳蚤市場、露天市集、遊客中心、畫廊、英國國家劇院、泰特當代美術館、英國藝術節中心、莎士比亞環球劇場以及英國最知名的兩大劇院新維

群聚地點	年代	群聚單元
		克、老維克次第特色的影院、餐廳、紀念品商店、風格迥異的咖啡廳、酒館和遊船
紐約蘇荷藝術區	1960-1970年	畫商、家居裝飾品店、攝影樓、辦公室、藝術館、精品店、特色餐廳、酒吧、高檔時裝店、藝術畫廊
北京 798 藝術區	1964 年	藝術機構、藝術家、集畫廊、藝術工作室、文化公司、畫廊、設計室、藝術展示空間、時尚店鋪、餐飲酒吧
洛杉磯釀酒廠藝術村	1980 年	畫家、雕塑家、音樂人、攝影師、舞團、網頁設計師
美國魚雷工廠藝術中心	1980 年	藝術工作室、從事藝術創作、雕塑、繪畫、珠寶、攝影
臺中東海藝術街	1989 年	藝術家進駐、小飾品店、特色的咖啡店、精品店、異國風味餐廳、藝術氣息的商店
倫敦克勒肯維爾創意園區	1990 年	餐館、音樂、劇院、展覽館、電影與博物館、各種酒吧、設計企業
韓國首爾 Heyri 藝術谷	1994 年	作家、電影人士、藝術家群居的文化村、裝置藝術、咖啡廳、畫廊、餐廳、博物館、書店、藝術家工作室、美術館、展示和家居爲一體的複合型空間、藝術館、製作人、建築家、音樂家
臺北華山 1914 文創園區	1999 年	藝術展示空間、音樂展演空間、設計禮品業、創意生活業、餐廳、咖啡廳

群聚地點	年代	群聚單元
上海 m50	2002 年	工作室、畫廊、瑞士香格納畫廊、法國東廊藝術、英國領事館文化藝術處藝術家工作室、加拿大藝術景畫廊、建築設計公司、裝飾設計公司、家具設計公司、時尚品牌服飾店、藝術書店、音樂商店
臺南市神農街	2006年	藝術展示空間、傳統工藝店、藝術家工作室、餐廳、酒吧、寺廟、設計工作室、飾品店、民宿

資料來源：本研究整理自倫敦南岸中心官方網站，臺中東海藝術街群聚網、華山 1914 文創園區、林美姿（2009）等資料。

　　綜觀以上國內外具有群聚現象的空間區域，依年代順序排列，從中可突顯早期藝術產業聚集的單元以單一產業為大宗。而後隨著時代的演變，不在只有單一產業的群聚，吸引其他產業的進入，例如較為顯著為餐飲業的設置，有餐廳、咖啡廳、酒吧等，還有時尚服飾店及飾品店的開設。但在這些藝術群聚的區域之間，仍存在個別差異性，東京立川是以群聚公共藝術為特色，韓國首爾 Heyri 藝術谷則是作家、電影人與藝術家聚集地（徐聯恩、林建江、樊學良，2006），臺南市神農街則是有著地方特色的傳統工藝店和新興藝術家聚集。田智娟（2011）劃分文創群聚型態：將群聚空間分為藝術家「自發性」及「誘發性」（非自發性）兩類；空間利用型態分成三類型：(1)創作活動為主：創作型；(2)和其他藝術家、生產網絡行動者交流活動為主：交流型；(3)兼具創作與交流兩種特性：混合型。

　　鑒於英國及其他國家發展創意產業的成功，臺灣也朝此目標耕耘，將文化創意產業列為國家重點發展計畫之一，並學習英國與其他國家等成功經驗，以產業遺址空間活化再利用之操作方式，規劃設置創意文化園區計畫，盼帶動產業發展與環境整備，由實體與虛擬空間建立形成群聚，並制定行政

政策使給予適當輔導與協助（經濟部，2005；文建會，2009）。

除了政策鼓勵所產生的文創群聚外，在臺灣亦有不少自發形成區域，由藝術家或召集同好催生出來，經過時間的推移而自生成長（田智娟，2011），例如臺北的中山雙連街區、臺中忠信藝術聚落、臺南神農街等，不同都市由工作者自發形成的群聚，自然而然帶來都市的特色與獨一無二的文化樣貌和魅力。

本研究認為，藝術群聚的現象分類，可採用下列方式，一種是從產業的型態區分，將產業分為消費導向以及生產導向。消費導向為消費文創商品或者周邊商業活動，用消費性的支出來促進地方的發展，在此類型之下的空間範圍並不一定從事藝術生產工作，而是吸引遊客到此休閒與觀光為主，藉由人潮所產生的消費行為是產業的主要驅動力。至於生產型導向的做法，就是鼓勵藝術創作者進行創作，從事文創的生產工作，群聚的本質是創意工作者之間。另外，針對群聚產生的原因，是否透過政策資源的推動。本文在此稱之為政策驅動的藝術群聚型態，或者由自發性的群聚現象所產生的群聚，政策驅動的群聚例如文創園區以及地方文化館，部分由地方政府推動的如駁二藝術特區、枋寮藝術特區等。這些依賴政府的經費與資源推動，一旦經費來源中斷往往無法持續推動，例如屏東縣枋寮藝術特區。與之相對的是自發性的群聚現象，主要來自於創意工作者在選擇工作地點上因具有相同的喜好所產生。自發性的群聚規模通常比較小，然後透過一段時間也增加也能逐漸帶動周遭的產業發展。

本研究利用上述兩項原則進行分析，本文嘗試製成下圖表示：

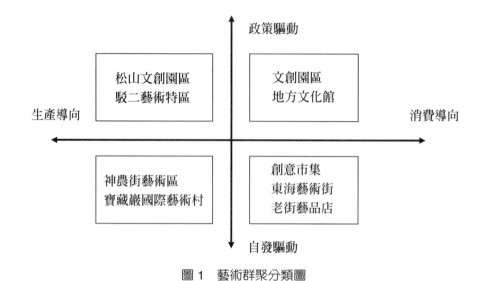

圖 1　藝術群聚分類圖

結論

　　相對於政策大力推動的文創園區，自發性的藝術群聚與之形成另一種對照。在臺灣的群聚發展經驗中，這兩類是不同的典型。文創園區在初期就投入大量的資源，以酒廠改造的五大園區為例，為了達成損益平衡的目標，園區內必要經營餐飲等消費活動，而園區內的整建與規劃也多半是休閒導向，花費近 60 億整建的結果，尚未產生明顯的產業群聚效應，主要的成果多成為民眾假日休閒的去處，成為以觀光導向的方式行銷。因此，文創園區本質成為政策資源所產生的公共財，若作為產業育成的基地，其外部性尚未顯現。未來藝術群聚的推動面向，應更著重在生產導向的資源投入，同時必須考量不同階段的群聚外部性，依照不同階段的特性投入政策資源，並且能夠兼顧地方發展的取向上，讓原有的創意工作者能持續在原來的地方創作。

重點回顧

● 區位是影響經濟的重要因素，因區位差異所衍生的經濟型態的討論，被歸納爲區位經濟學的研究中，因此舉凡與空間有關係的討論，均與區位經濟有關。

● 群聚是指企業、供應商、相關產業和專業機構集中於某一地理區位的一種現象，包括上、中、下游的產業，以及互補性產品的製造商與相關公司，另外還包括了政府與其他機構等，以提供專業的訓練、教育、資訊、研究、以及技術支援，其範圍界定依據是對競爭最爲重要的產業和機構彼此間之連結與互補。

● 在創意產業中的創意資本來自於人才，被 Florida 稱之爲「創意階級」。這個新興階級的超級創意核心其中包含了藝術家、文化人士、詩人、科學家、工程師、大學教授與演員等，另外也包括在知識密集產業工作的創意專業人士，像是高科技、法律、醫療、企管等。他們以創意解決問題，或運用許多複雜知識找出創新的解決方案。

● 創意群聚指的是具有下列四大特色的地方：(1)一個創意人聚集的社區，而這些人對新奇的事物都有高度的興趣，雖然並非都對同一主題有興趣；(2)一個可以發揮觸媒效果的地方，讓人、關係、觀念、以及才華可以相互激撞產生火花；(3)一個可以提供多樣性、靈感刺激，以及自由表達的環境；(4)一個扎實的、開放的、以及不斷變化的人際交換網絡，讓個人的獨特性與身分認同可以孕育成長。

● 都市繁華的商業區域或富有年代的老街區，稱爲創意街區，依都市經濟活動力強弱，進一步分類「商業街廊型」創意群聚與「老街區再利用型」群聚。

● 從產業的型態區分空間使用的類型，可將產業分爲消費導向以及生產導向。消費導向爲消費文創商品或者周邊商業活動，用消費性的支出來促進地方的發展，在此類型之下的空間範圍並不一定從事藝術生產

工作，而是吸引遊客到此休閒與觀光爲主，藉由人潮所產生的消費行爲是產業的主要驅動力。

習題

1. 試著發表對於臺灣近幾年推動文化創意產業園區的看法。
2. 藝術群聚的過程中可能爲社區帶來哪些好處？是不是也有可能帶來壞處？請發表你的看法。
3. 創意階級是指哪一種人，你的身邊有這一種類型的朋友嗎？

參考文獻

王緝慈（2001）。創新的空間——企業集群與區域發展。取自北京：北京大學。

中華民國公共藝術教育發展協會。http://www.patw.org.tw/patw/read.php/3.htm

文建會（2009）。文化創意產業發展現況及趨勢分析，臺北市 98 年文化創意產業聚落調查成果報告，(3)：19-54。文化建設委員會。

田智娟（2011）。視覺藝術創作於臺北都會空間群聚現象之探討：以伊通公園爲例。未出版。臺北：國立臺北大學。

臺中東海藝術街群聚網。http://www.tunghai-art.com.tw/index.php

仲曉玲、徐子超譯，David Caves 著（2003）。文化創意產業——以契約達成藝術與商業的媒合 I。臺北：典藏藝術。（原著出版年：2000）。

李明軒、高登第、張玉文、蔡慧菁、胡瑋珊、林麗冠譯，Michael E. Porter 著（2001）。競爭論。臺北：天下遠見。（原著出版年：1985）。

李朝賢（1993）。區域發展規劃。臺北：華泰。

林志銘（2011）。公共藝術百分比機制與美學經濟的未來學。藝術觀點 ACT，
　　（46）：22-25。臺南：國立臺南藝術大學。

林政逸、辛晚教（2007）。創新、能力與文化產業群聚的演化—臺北市音樂產業
　　個案研究。《地理學報》，50：23-45。臺北：國立臺灣大學。

林政逸、辛晚教（2009）。文化產業的都市群聚與臺北市：音樂產業勞動力與市
　　場之個案研究，都市與計畫，36(2)：101-131。臺北：中華民國都市計畫學
　　會。

林政逸（2010）。創意都市及文化產業群聚：臺北市的案例與反思。第二屆發展
　　年會。臺北：國立臺灣大學。

林美姿（2009）。北中南藝術聚落有精緻藝術也有小蘇活。取自遠見雜誌，279。
　　http://www.gvm.com.tw/Board/content.aspx?ser＝15347。

金家禾、周志龍（2007）。臺灣產業群聚區域差異及中國效應衝擊。地理學報，
　　49：55-79。臺北：國立臺灣大學。

徐欣玉（2004）。文化創意產業之空間群聚分析——以中山北路婚紗攝影業為
　　例，未出版碩士論文。臺北：國立臺北大學地政學系。

徐聯恩、林建江、樊學良（2006）。產業群聚之創新邏輯：以韓國藝術村與出
　　版城為例。取自工研院創新與科技管理研討會。http://dspace.lib.fcu.edu.tw/
　　bitstream/2377/950/1/cb11iitm02006000042.pdf。

倫敦南岸中心官方網站。http://www.southbankcentre.co.uk/home

郭書瑄、嚴玲娟譯，James Heilbrun & Charles, M. Gray 著（2008）。藝術・文化
　　經濟學。臺北：典藏藝術。（原著出版年：2001）。

陳冠君（2010）。視覺藝術—臺灣美術雙年展的群聚與例外。取自典藏今藝
　　術雜誌，218。http://www.taishinart.org.tw/chinese/2_taishinarts_award/4_
　　commentary_detail.php?MID＝4&AID＝405。

傅振焜譯，Richard Florida 著（2006）。創意新貴 II：城市與創意階級。臺北：
　　日月文化。（原著出版年：2005）。

黃亮（2008）。論藝術產業集群化。寧德師專學報，（87）：84-86。福建：寧德師專學報哲學社會編輯版編輯部。

華山1914文創園區。http://web.huashan1914.com/index.php

楊敏芝（2009）。創意空間：文化創意產業園區的理論與實踐。臺北：五南。

經濟部（2008）。文化創意產業發展計畫重要成果摘要報告。挑戰2008：國家發展重點計畫，(97)：20。行政院經濟建設委員會。

鄧玉英（2005）。從產業群聚看中國區域經濟發展。臺灣國際研究季刊，1(4)：1-21。臺北：臺灣國際研究學會。

無作者。世界十大創意藝術聖地。取自隨緣藝術。http://tw.myblog.yahoo.com/pot7955593/

Cumbers, A. and MacKinnon, D. (2004). Introduction: Clusters in Urban and Regional Development, *Urban Studies*, 41 (5/6): 959-969.

Drake, G. (2003). This place gives me space: place and creativity in the creative industries, *Geoforum*, 34: 511-524.

Gordon, I. R. and McCann, P. (2000). Industrial clusters: complexes, agglomeration and/or social networks? *Urban Studies*, 37(3): 513-532.

Hellmanzik, C. (2009). Location matters : Estimating cluster premiums for prominent modern artists, *European Economic Review*, 54:199-218.

Mark J. Stern and Susan C. Seifert (2010). Cultural Clusters: The Implications of Cultural Assets Agglomeration for Neighborhood Revitalization, *Journal of Planning Education and Research,* 29(3): 262-279.

Maskell, P. and Lorenzen, M. (2004). The cluster as market organization, *Urban Studies*, 41 (5/6): 991-1009.

Scott, A. J. (1996). The craft, fashion, and cultural-product industries of Los Angeles: competitive dynamic and policy dilemma in a multi-sectoral image-producing complex, *Annals of the Association of American Geographers*, 86(2): 306-323.

Scott, A. J. (1997). The cultural economy of cities, *International Journal of Urban and*

Regional Research, 21: 323-29.

Scott, A. J. (1999). The cultural economy: geography and the creative field, *Media, Culture and Society*, 21: 807-817.

Turok, I. (2003). Cities, cluster and creative industries: the case of firm and television in Scotland, *European Planning Studies*, 11(5): 549-565.

9 影視創意寫作

除了我的藝術繆思之外，我對誰都不服從。

執行你的創意、表現你自己、保持自己的眼光，這些才是最重要的。

〜伍迪・艾倫（Woody Allen）

在廣納百川的文化創意產業中，影視媒體無疑是規模較鉅，產值龐大的結構，舉凡電視、電影、動漫，甚至遊戲、音樂等，皆納入廣義的影視範疇，除了創造可觀的經濟價值，更是形塑現代文化符號的動力。影視產業的精髓即是創意，更匯集了各路創意菁英時時刻刻發揮、運用他們的現代十八般武藝。事實上，影視內容與大眾的日常生活作息有著緊密關係，從孩提時期每天等著觀賞的卡通，青春期與好友相約看的校園電影，或是小資族、輕熟女喜愛的偶像劇、緊追的韓劇，都是影視產業的一環。不論這些影視作品是以如何的形式包裝，最大的共同點就是都以吸引人的故事，緊緊地抓住觀眾群的心。影視產業的核心，就是「說故事」（story-telling）。

一部電影，或是一齣連續劇是否能成功，通常取決於其所包含的創意、題材與故事，而這個故事能否引人入勝，關鍵就在「如何說」。要成就一部好的影視作品，最源頭就是要從作品的企劃與腳本開始。有了靈感，蒐集了好的素材，如何將這些轉化為故事，進而由故事轉換為影視作品的劇本，本章的主旨，即是

一步一步地帶領讀者將影視創意經由劇本創作的過程，完成為可執行的影視創作藍圖。

第一節　靈感來自於生活

撰寫故事的工作不會在我們坐在書桌或電腦前才開始，事前的素材蒐集、記錄，以及整理是必要的準備工作。創意來自於生活，因此，日常生活的一切也可能是我們寫作靈感的來源。《情定巴塞隆納》的美國輕喜劇編劇導演惠特・史蒂曼（Whit Stillman）曾說：「靈光乍現常發生在你刮鬍子或下樓游泳的時候……。」[1]對從事寫作的人來說，寫作的第一任務就是模仿生活，而生活就是一個無界限的寶庫，讓我們有挖不盡的寶，也是一本最有效的工具書，指引我們尋找意義，激勵我們去臨摹它的偉大而創作。那麼，為了捕捉生活中稍縱即逝的靈感，養成隨時筆記的習慣就是必要的第一步。

一、隨時筆記

準備一本輕便好攜帶的筆記本、有筆記功能的智慧型手機，或是找到一個適宜且隨時讓你可以記錄的方法。生活中發生的一切事情，用視覺去觀察、聽覺去聆聽、觸覺去感知、味覺去品味，還有用心情去感受，也許是車站月臺上乘客候車的百態，或是百貨公司專櫃銷售員的舌燦蓮花，都可以成為寫作發想的火苗。出版超過 80 本愛情小說的作家莉・麥可（Leigh Michaels）的寫作準備工作，也是從生活的觀察與記錄而累積能量，她說「等待靈感來臨才寫作，無異於在機場等火車。」（Waiting for inspiration is like

1　摘自《編劇之路：世界級金獎編劇告訴你好劇本是怎麼煉成的》惠特・史蒂曼深入訪談。

standing at the airport waiting for a train.）藉由對生活周圍細微的觀察、思考、分析，就開始會產生屬於自己的想法、觀點和意見，讓這些成為寫作的重要泉源，充分地運用來為我們的寫作服務。

那麼，筆記可以記些什麼呢？以下提供幾個入門建議：

1. **觀察周圍的世界**，包括人、物、事。可以從家人、同班同學、同事，甚至搭捷運時車廂裡的乘客進行觀察，說話的語氣、肢體動作、表情，甚至有哪些習慣。除了親身的觀察，有時一些特別新聞報導、事件、朋友轉述的情節，或是閱讀中有趣的橋段，皆可以納入筆記。海明威曾說：「從聆聽人們之間的所有事物中，我所學到的竟是出乎意料的多。大部分的人都不曾認真去體會。」

2. **捕捉對周圍世界的反應**，也許是突然湧上的情緒，對於某些人、事、物的想法、心得、自身的反應動作，或是其他人對於周遭環境的回應。

3. **探索未知的周圍世界**，拋開先入為主的觀念，保持好奇心。許多創意產業的從業者對眾多領域都有些涉獵，閱讀各種不同的書，或是旅遊探險，這樣才能獲得新的感官體驗，因為他們認為，任何領域的知識都值得細細探索，因為「點子」是需要燃料的，當燃料愈多元，點子就愈豐富。

4. **觀摩與學習的心得、反思回饋或啟發**，常能成為創意發想的開始。不論是自己欣賞，或是無意間被吸引，甚至不屬個人喜好的作品，都有其特別之處值得記錄。創意與創新的前提是必須先掌握欲突破的框架的樣貌與界限，才可能有不同凡響的可能。因此，多聽、多看、多觀摩也是必要的。

隨時筆記以外，就是要找機會應用於寫作練習，讓這些筆記內容成為活的。

二、以思考獲得想法

「創意」就像為了保持體態而運動一樣，剛開始也許辛苦，但是當你將

運動變成一種「習慣」，自然而然地就會習慣日常的運動，也就不用怕久未鍛鍊而身形走樣。可想而知，要有創意力，就努力將「思考」變成生活中的一部分。你的想法來自你的思考，這是顯而易見的。但是如何讓你的思考變成你的文字，且讓它們影響到其他人，這便是寫作的藝術。

現在，我們已藉由筆記從生活中積累了豐富的素材，分享的慾望就會逐漸浮現，而最好的分享方式，就是透過寫作將想要表達的內容與他人分享。寫作之前我們需要思考，是要為讀者提供了一個方案去解決他們所關心的某個問題，或是創作一個吸引人的故事引發他們的共鳴。如何將自己的想法轉變成文字表達？要用什麼方式去表達？故事、評論，還是詩？還有透過什麼方式讓某個想法變得更加吸引人、引發思考？所有這一切來自於我們的思考和想去表達的慾望。也許可以參考以下幾個方向來構思：

1. 事件或事物之間的聯繫；
2. 容易被人們忽視的東西；
3. 從生活中學到的東西或獲得的啓發；
4. 人們關心些什麼，而我又看重什麼；
5. 思考如何把自我的思考轉變為人們有興趣、願意去閱讀的文本。

然而，有時當我們拚命想去獲得一個特定的想法的時候，往往毫無結果；但當我們暫時將它擱置稍後回過頭來思考時，往往會獲得新鮮的想法，也許睡一晚醒來、出遠門幾天回來，或先去做其他事情。但是，如果沒有最開始想去得到某一個結果的初衷，也就不會有後來的新鮮想法的產生。

在我們的生活周遭，其實有很多大大小小的事情值得去記錄，值得去省思，而動人的故事，如果沒有透過觀察，也許我們不會看見，或是就算看到了，也不會放在心上。從生活中攝取寫作元素、思考所蒐集而來的素材，將它們變成我們的文字表達，而逐漸讓這一過程自然地流動，變成生活作息，就像時刻的呼吸那樣。不要等到你需要新想法的時候才想到要去尋找靈感，每時每刻，透過觀察生活，探索未知、學習與思考，以及廣泛地閱讀別人作品，去累積你的想法。

三、創意是什麼？

那些普遍大眾認為的創意人，通常與一般人最不同的地方，就是他們具有發覺世界上「可能性」的能力，也就是不同於一般人的「眼界」。當你問這些創意人士如何想出這些點子的，他們反而只是覺得「看」到一般人看不到的東西罷了。蘋果電腦公司已故創辦人賈伯斯曾說過，創造力就是將不同的東西連結起來。他們有將不同經驗連結起來並且創造出全新想法的能力。很多時候所謂的創意，或是具有原創性的構想，多是建立於以往前人的經驗、作品、既有的素材，並且於當中以令人驚喜的邏輯，將這些重新組合產生新意。

那麼，到底如何看待創意呢？簡單地說，創意的內涵與界定也許可從三個角度來看（潘裕豐，2006）：

（一）創意是對傳統或文化的再次詮釋

創意是要思考如何在傳統上，例如我們的習慣、文化或社會既定型態，尋求一個新的出路，使既有的傳統能夠在時代脈動中存在且不斷更新，就像大家已熟悉的生離死別老梗，透過新的包裝或詮釋，一樣可以賺人熱淚。日本近年暢銷的漫畫與改編電影《羅馬浴場》，穿越古羅馬與現代日本二個看似毫無相干的時空，以日本泡湯文化與古羅馬公共浴場文化為題，透過當代熱門的漫畫／電影媒體形式，以及現代觀點解釋傳統，將兩種文化間的衝擊轉為幽默，且融入歷史資訊，使觀眾能夠對於習以為常的傳統有了新的認識。

（二）創意是舊元素的新組合，新元素的再進化

當然，創意也可以是從舊有的元素中，透過新的組合或轉換而產生新的產物，就像將輪子加在椅子底端的組合就形成了創新——輪椅，或是概念的組合，如經濟加上知識就形成了知識經濟的新概念。又如 2016 年由任天堂公司、精靈寶可夢公司授權，Niantic, Inc.負責開發的《精靈寶可夢 GO》，將擴

增實境技術與曾陪伴無數人童年的神奇寶貝（寶可夢）結合而推出的手機遊戲，既是懷舊也是創新，風潮橫掃全球。這是舊元素的新組合，而形成的新組合、新產物又將會成為下一個創新的舊元素，如此生生不息，就能創新不斷。

3. 創意是對標準或既有定義的再超越

創意更有一種意涵，就是超越或打破現有情況，因此，我們要問的是現在的標準是什麼？大家熟悉的內容是什麼？我如何超越他。一般而言，我們習慣在一個規範或形式中做事或思考問題，常常不敢超越這個規範或框架，因為深怕犯錯。然而，創意是需要超越規範，比規範或既有框架更精緻。

標榜創意人才匯萃的影視產業裡，「新意」並非虛無飄渺中突然地產生。創作常是從傳統、既有的素材中找出獨特的連結方式，新的規則、形式以重組、包裝成新魅力。2016 年風潮席捲臺灣電視圈的韓國電視劇《孤獨又燦爛的神—鬼怪》，即以新手法將以往常見的人鬼戀題材重新詮釋。韓國酬勞最高的三大編劇之一的金銀淑，不斷挑戰自己的極限，將都會感十足的偶像劇元素——年輕有型的男女主角，對女性觀眾充滿吸引力的愛情、浪漫關鍵字，與韓國既有的鬼怪、民間傳說的奇幻色彩結合，而創造了一齣可愛、逗趣、浪漫、詩意且帶著藍色文學憂鬱的電視劇。

當然，青春世代喜愛的年輕俊男美女與古老傳說的組合，也並非近年才見。人鬼戀或是鬼魅傳說融入都會時裝劇的作品，就如美國 1990 年頗受年輕族群歡迎的都會時裝電視劇《魔法奇兵》（Buffy the Vampire Slayer），則是以一位被命運選中的女孩與吸血鬼、惡魔，以及黑暗勢力對抗的過程，除了必有的愛情，也讓劇中幾位年輕演員嘗到爆紅的滋味。這些普遍接受度高的元素，在適當的時間與社會脈絡，透過故事、形式、包裝、行銷策略等條件的重組，都可能成為新樣貌而讓人耳目一新。

第二節　創意付諸於實踐

　　累積了素材，加入了自己的觀點和想法，接下來就是藉由這些元素，以影視創作為出發點開始寫作，創造出吸引讀者的故事。當然，要使故事能夠吸引人之前，必須先考量身為作者的自己是否也被這故事吸引。因此，通常創作的要件就是由自己感興趣的東西開始。

　　手邊有了作為創作概念或情節設計的各樣題材，接下來就可以從故事大綱的撰寫著手。

一、故事大綱

　　將構想寫成一個故事大綱或綱要。故事大綱正是影視劇本的粗略綱要，包括五個 W，一個 H（Who、What、When、Where、Why、How）：何人、何時、何事、何地、何故，以及怎麼樣，也就是說出故事的原委、人物的性格、時空的交代、情節的發展、衝突的高潮、懸疑的布置等，故事中其他重要事件，都應該展現出來。故事大綱主要是讓自己在寫作時參考用的，雖然並非如寫小說般，事情的細節寫得愈詳細愈好，而以下是進行故事大綱時需要掌握的大原則：

　　1. 人物、事件、時間（代）、地點等四項要素交代明確；

　　2. 哪些人在什麼時間、哪些地點，發生了什麼事，以及人物在事情發生之後的選擇；

　　3. 平鋪直述、簡潔明瞭即可，不需要使用過多的形容詞。

二、情節鋪陳

　　故事大綱組成的首要工作就是描述故事情節，如果只有一個故事軸線，

會顯得單薄較無張力。通常好故事多由至少兩個故事線所組成的：客觀故事線和主觀故事線，互相交織，互相支撐。客觀故事線是主角回應人生轉折事件的外在抗爭故事，主觀故事線是主角克服缺陷的內在鬥爭的故事。例如追求愛情的主觀故事線發展，直到主角在客觀層面上表現出愛的努力，故事才真正有所推展。將劇本分解成客觀和主觀故事線可更好地把握各種各樣的故事要素，也簡化了將故事放入情節概要的過程。一個好的情節概要不僅能描繪出故事的內容，還告訴讀者兩個（或更多軸線）故事各自的情節。

　　無論是哪一種故事大綱，基本結構的單位無非是一個個事件發生的場景。因此撰寫故事大綱的同時，必須能同時關照到這個基本的需求。平鋪直敘，按照時間順序從第一個事件發展，造成下一事件的出現，以此因果關係而發展至結尾，如此固然一目瞭然，但如果稍作一些變化，特別是適應一些原始題材在時間上的跨度，或落差等缺陷上的巧思，則更能在未來真正觀影時增添一份類似閱讀的興味。其次則是有關時間中的事件，是發生在前、在後，或是正在發生的暗示或提示，因為這可能牽涉到視覺化時，鏡頭風格對敘事的暗示（正敘、回溯、回憶，甚至倒敘）。

三、衝突

　　戲劇就是衝突。沒有衝突，戲劇就不存在，便只有乏味。衝突就是故事的精髓。通常推動故事發展的衝突可分三種類型，其中故事描述中最常見也最容易寫的，就是人與人之間的衝突，在故事敘述中，可以是主角與其對手之間的競爭、壞人與好人間的利益衝突，或是校園題材中主角面對霸凌者的欺壓。

　　另外，衝突也可來自人與非人（他者）之間，例如獵人在樹林裡與熊對抗、救火員與火災對抗、科學家與來自外太空的怪物對抗，或是面對動物、大自然力量，甚至是無生命的對象衝突。為了戲劇衝突，對象可以被當

做一個人物，在衝突的語境裡，成為一個人物，例如賦予絆倒人的椅子某種個性以及絆倒人的動機。這一劇情傳統上被稱為「可悲（或值得同情）的謬論」。在邏輯上，它可能是謬論，但在人與非人的衝突中，它卻是不可或缺的。經典的範例就是 1975 年的《大白鯊》，整部作品圍繞在人們與大白鯊之間的對抗。

還有通常讓角色變化的動力，就是人與自我的衝突。衝突可以出自於人的內心矛盾，或發生在他或她性格中不同衝突力量彼此間的交戰，或是陷於欲望與道德、價值觀取捨的困境，如周星馳的《食神》中，史蒂芬周無視朋友為其所付出，費盡心思只想奪回他的名利權，但是直到他失去雞姐，他才知道自己真正需要的是一份溫暖、一份關懷。

四、角色

故事大綱的練習，也可從劇中人物觀點開始。這是因為想像一個人物的耳目所見，比編造此人的人生來得容易上手。通常主角的內在缺陷、衝突，或是面臨的困境、挑戰，都可以作為故事構成的基礎。如果沒有創作出主角的旅程，就沒有創作出完整的故事。一個具內在衝突的角色，本質上就有吸引人的可能，可以作為誘餌，也是透過增添內在衝突，或者內在悲劇來活躍作品人物、情境和事件的設計。誘餌手段不僅能運用於情境中，亦能加到人物身上。而這類故事大綱的好處，只要按照一定的邏輯秩序，如入學、戀愛、婚姻、求職、調查、遊歷、逃亡、冒險等，便可以順利展開情節，當然這是設想創作者已經對人物存在的特定時空背景了然於胸，並具備充分準備的情況下。

雖然作為影視劇本寫作藍圖的故事大綱，不需使用華麗的辭藻來撰寫，仍有幾個故事鋪陳結構的切入觀點在規劃故事大綱時可為參考。就現成的材料，無論是一個幻想或是真實的事件，或人物的經歷，將之轉化成一篇有開

頭、發展、結尾的故事大綱。至於要包含多少字才能算是故事大綱，倒是沒有一定的標準，可以是 300 字，也可以是 5,000 字，視作品的規模而定，通常影視劇本的寫作，特別是電影形式的，故事大綱的期望值為 2,000 字以內，才不至於成了小說。然而，最主要的目的就是將完整的故事清楚呈現。

第三節　文字至影音之思維轉頻

要成就一部好的電影，源頭要從企劃與劇本開始。當題材有了，主題定了，故事大綱完成了，實際轉化為劇本或是拍攝腳本時仍是另一項學問。很多時候，某個故事讀起來很感人，但實際拍起來卻一點都不感人，就是因為忽略的影視作品終究是視覺化的形式，包括演員表演、對白、或是情節等，都需要以畫面加聲音來說故事，攝影機可不僅是記錄機器。因此將故事從文字描述的形式，轉換為將故事視覺化的劇本，就是在故事大綱後的重要挑戰，身為作者的我們，必須將創作思維由文字轉換至影像頻道。

一、分場大綱

當故事大綱敲定後，在進入到劇本或對白腳本細節階段前，可以「分場大綱」的工作階段，依情節鋪陳的實際順序編排來進行分場。分場大綱的目的是將所有故事大綱中描述性的東西都具體化，變成是實際可以拍攝出來的內容。也因此，很多故事大綱中簡單帶過的部分，到了分場時，挑戰都浮現出來了。

分場有幾個關鍵，第一個重點是你所分出來的場景，是實際要出現在影視作品的。比如說，在故事大綱中寫著「一個住在鄉下的田僑仔，一天突然決定進城」，當你在做分場時，就必須思考要如何表現這個「一個住在鄉下的田僑仔」。故事大綱中這短短的兩句話，很可能分場時會變成十幾場戲。可能第一場讓這個主角收到一封城裡寄來的信，第二場帶出巡訪村裡無人知

道寄件人或地址，第三場是主角著墨這信中為何對自己的童年如此熟悉，第四場他回憶童年往事，而第五場則是主角決定進城一探究竟。當然也可能只分了一場，第一場就是田僑仔打包好行李，準備進城。

這兩種分法，依照實際劇情的需要，有好有壞。第一種節奏較慢，但對於田僑仔的角色塑造和陌生來信的懸疑張力，可以有更多細部的描述和加強的處理。不過，也可能對整體劇情一點幫助也沒有，反而顯得多餘。第二種分場考量顯得精簡明快，但如果這個主角進城後，有重要抉擇和他的童年有關，這種的處理會顯得不夠說服力，因為觀眾沒有明確接收到這封信與其童年關係的重要性。

這便是分場的第二個重點，利用不同的分場方式，來達成不同的效果。透過一個段落的場次分配，你可以調整故事的節奏，並且透過分配不同段落的戲份，來強調某個主題或突顯某些情感。編劇能否掌握到故事最重要的精髓，或是了解哪些場景可突顯這些重要的關鍵，這便是決定分場好壞的地方。

著手進行分場時，都是利用場景和時間來進行分場。每當場景和時間有所改變時，就需要設定一個新的場次。大綱上註明場次（第 N 場）、時間（白天／晚上）、內景或外景、場景在哪裡（公園）、還有這個場次發生了什麼事情（可參考下頁《家書》的分場大綱節錄之範例）。

透過分場大綱，我們可以很直接看到整部戲的骨肉，在沒有對話的情況下，是不是也能夠產生足夠的力量來支撐整個作品。到了這個階段，作品的討論可以變得很細，從整個故事的走向，進入到每個段落、場次的討論，也可以檢查是否有不必要的場景存在。去除那些純粹為了交代而存在的場景，試著把交代的訊息放進其他有戲的段落裡，可以讓作品變得更精彩扎實。

《家書》分場大綱

場	景	時	人物	主要劇情
1	室內—立顏房間	夜—晚間	立顏（老）	立顏將準備放入行李的物品排列在床上做項目確認，翻到一疊未寄出泛黃的家書，拿出裡面的舊信開始閱讀。
2	室外—老家院子稻田邊	日—清明季節	立顏、立昌、三個妹妹	立顏學校放假返家，弟弟妹妹們等不及的在老家外頭等候，大老遠看到立顏，便興奮地跑過去迎接。
3	室內—老家飯廳	夜—晚餐	立顏父、立顏母、立顏、立昌、三個妹妹	晚餐時刻，弟弟與妹妹好奇的詢問立顏學校的生活，一家人也聊著近日時局。立顏藉由此時與父母提起經由老師推薦加入青年軍之事，使得父母於此事上有些意見分歧。
4	室外—營區	日—清晨	立顏、軍中同袍們	營區人山人海，有 10 歲出頭的年輕男孩，也有年紀與立顏相仿的，大家簇擁著等待辦理報到。（看得出年紀、知識水平的差異）
5	室內—營區	夜—深夜	立顏	部分同袍已就寢，立顏找了個稍有光線的角落寫著家書，跟家人描述軍中發生的事，所遇到的人。（VO from 55-58；帶到遇見與弟弟同齡的尚文）
	室內—營區	夜—晚餐	軍中同袍們	同袍們吃飯習慣與坐姿各有不同，南腔北調。幾個老粗型的同袍排著隊請立顏幫忙代筆家書。
6	室外—荒山野嶺	日—烈日／雨天	立顏、軍中同袍們	軍隊移防（不同的地景）

二、對白本／劇本

　　對白本就是劇本，也是故事大綱轉換為分場大綱後，最後成為拍攝工作藍圖的階段，導演、製片和演員手中工作的依據。對白本基本上就是在前端已完成之分場大綱的骨幹上，填上血肉，包括清楚的場景描述、角色的動作與表情、臺詞，或是旁白、口白。然而，編劇不需要過度著墨在描述每個場景、角色和活動細節，這既會降低閱讀速度，又占去大量篇幅。如果真的有非常關鍵的視覺細節，那當然要提到，否則的話就儘量做到表達簡潔。通常臺灣編劇普遍使用的劇本格式，可參考下頁《家書》對白本的節錄；劇本中每場戲的內容包括場次、場景／地點、時間、人物／角色、以△註明的場景說明，及以角色註明的對白與動作。

　　另外，便於未來拍攝時間與作品長度的計算，以及可讀性，逐漸有不少編劇採用西式（好萊塢式）的直式寫法，例如圖1範例。好萊塢格式在場次上的標法，就是簡單一行，接下來是場景描述，直接以類似小說的方式描述場景氛圍與人物動作。再來對白置中，人名與對白不同行。整體看起來簡潔直接，讀起來和讀小說的差別不大。透過對白的人名與對白不同行，使對白在劇本中所占的位置，自然變成比場景描述更多（至少兩行）。此類格式的應用可以讓影視產業較制度化地區的製片規劃掌握精準換算：一頁劇本拍出來就是一分鐘。

　　許多編劇希望自己的作品形象生動（或者說是「視覺化」創作），卻不知道從何做起。希望作品形象生動的原因很明顯：電影是視覺媒介，我們應該利用這個特點。然而「視覺化」創作不是告訴導演做什麼，這不是編劇的職責，編劇的職責是講故事。很多人不明白這點，常會在編寫劇本時，註釋著各種鏡頭類型或場景切換，除非編劇將親自執導，否則撰寫劇本時不需那麼做。有些導演認為，編劇不需要在劇本中添加過多的視覺因素或指令，這樣反而會限制導演的創作和發揮。

　　再者，對白的發展源於結構與故事各要素的相互作用，通常對白的設計必須與故事的發展緊密結合，更需符合影視創作的基本屬性。就對白的功能

S：8	景：室外—臺灣市集	時：日—傍晚

人：年輕立顏、尚文、軍中弟兄們、市集小販們

△某天傍晚晚餐前的時間，隊上的弟兄們一起到駐紮營區外頭的市集逛，市集小販吆喝，幾位弟兄圍繞在水果攤前研究從未看過的熱帶水果（荔枝、芒果、西瓜……），試著問小販，不過因語言上的差異，一邊講的同時還得比手劃腳。

△遠遠看到部下們跟小販之間的情景，立顏淺淺地笑著，自己一人繼續閒逛。忽然留意到一同隨隊到臺灣小老弟尚文。尚文獨自在一個不起眼的女紅飾品攤前，試著想挑個什麼買，但又下不了決定。立顏默默的走到尚文旁。

立顏：是哪個女孩這麼幸運啊？

尚文：（轉過頭來嚇了一跳）啊，排長（立正）……是給我在老家的媳婦選的。

立顏：別那麼拘束（拍拍尚文的肩膀），那麼選到你媳婦喜歡的東西了？我也可以參考參考，看看給我三個妹妹選些什麼。

尚文：我還在猶豫！離開老家時。我答應過剛過門的媳婦，既然我們大字都不識幾個，我就到了哪，選個當地特色的小髮飾，等回老家後，我就把這些積攢的髮飾送給我媳婦，把蒐集這些髮飾時所去的地方。所聽所聞的，一一說給我媳婦聽。

立顏：你媳婦真是個幸運的女孩啊！（拍著尚文的肩膀）

　　（V.O.）尚文的老家離我們不遠，年紀跟立昌相仿，也許如此，他也就成了陪我一起想著家鄉味的伴了。

與原則，以下提供參考：

　　1. 對白要有對象地說，避免自言自語或心中無限的旁白（Voice Over，或 V.O.）；

　　2. 對白要有目的地說，表達角色的慾望或是心意；

　　3. 對白要有延續性，也就是讓其他角色或觀眾心中有話可接；

　　4. 對白可以創造衝突性，特別是當對話人的立場、身分、期望或目的之間有巨大差異時，對抗性就更強烈；

1. 外景／內景　　　　　　　室外／室內（薩爾瓦多的故居）　　　　　白天 1.
變焦鏡頭（Zoom shot）
室外的海面、陽臺、花盆、室內大門、室外桌子上的水果。

薩爾瓦多的母親給遠在羅馬工作的兒子打電話，薩爾瓦多外出，薩爾瓦
多的母親要到了兒子的另一個電話號碼。

薩爾瓦多的母親
（著急地）
是的，找薩爾瓦多先生，是的。……啊？你不認識他？
什麼意思？是的，正是！我是他的媽媽。我從西西里打
來，打了一整天的電話……噢……我懂了，他不在那…
…可否請你告訴我電話……

母親示意坐在身邊的**薩爾瓦多的妹妹**，薩爾瓦多的妹妹拿筆和紙記下電
話號碼。

薩爾瓦多的母親
……656-22-056，謝謝！再見！

薩爾瓦多的母親放下電話。

薩爾瓦多的妹妹把記下的電話號碼紙條遞給母親。

薩爾瓦多的妹妹
媽媽，打電話沒有用……

母親一邊聽薩爾瓦多妹妹在說，一邊沉思。

薩爾瓦多的妹妹
（畫外音）
……他很忙，到處跑，他不會記得的，這件事算了吧！

薩爾瓦多的妹妹繼續望著母親。

薩爾瓦多的妹妹
……他已三十年沒回來……你知道哥哥的為人……

圖 1　好萊塢式劇本格式

5. 對白中可設計關鍵詞句、潛臺詞或是言外之意；

6. 對白既是角色間的對話，就需口語化，但避免零碎冗長；

7. 故事人物一定要講他自己的話，即符合特定的性格、性別、出身、教養、職業、年齡與所處的具體環境，而非只有編劇自顧自地，一種聲音的對話；

8. 對白要有必然性，也就是要有助於推動情節發展、揭示人物性格，但並非用來交代情節、背景等；

9. 避免用對白解釋畫面，名詞前面少帶形容詞，動詞前面少添副詞。因為當你考慮用一個副詞來修飾人物動作的時候，你可能又要為表達這個具體動作的畫面上花費時間。

第四節　用影像說故事

在影視製作的流程中，編劇的工作到對白本的完成，就算告了一段落，而接下來實際將劇本視覺化，拍攝出來的工作，就會由導演與製作團隊接手。而拍攝前的「分鏡劇本」則是導演在拍攝之前的必須準備。分鏡劇本又稱導演劇本，是將劇本的文字描述轉換成一系列可以攝製的鏡頭，由導演根據文學劇本提供的思想與形象，為劇本中的生活場景、人物行為及人物關係具體化、形象化，將未來影片中準備塑造的聲畫結合的銀幕形象，通過分鏡頭的方式予以體現。分鏡頭劇本是導演為影片設計的施工藍圖，也是影片攝製組各部門理解導演的具體要求，統一創作思想，安排拍攝日程計畫和測定影片攝製成本的依據。

影像說故事可以說是電影的根本，簡政珍（2006）在其《電影閱讀美學》一書中提到，影像本體的功能是顯示，而非言示；默片時代，觀眾聽不到演員心裡要說的話，導演要在攝影角度、光影的變化和場面的安排上，演員要在表情和肢體動作上，統籌視覺藝術一切可能的方法，力求以無聲發出人內心的聲音。早期的默片沒有任何一句對白，雖然只有簡單的配樂，觀眾

仍然可以透過影像的呈現，來理解或感受劇中所要傳遞的訊息或情感。即使今日，我們觀賞勞萊與哈台，或卓別林的電影仍能開懷大笑或感動掉淚，可見憑影像的呈現方式，故事也能說得很精采。希區考克認為，最電影化的場景是默片，譬如一場追逐戲，只需要一點點聲效連戲即可。而日本已故電影大師黑澤明也曾說過，只有無法單靠影像表達劇情的情況下，才訴諸對白。因此，僅憑著影像就可以看懂的劇情，是不需要對白來贅述的。

雖然劇本是影視作品的藍圖，因為影、音媒體的特性，仍是以畫面或視覺風格來表現，甚至影像的力量可能超越文字給人們帶來的衝擊，而有些電影的畫面極具感染力，似乎把一切都聯繫在一起。1994 年的《阿甘正傳》（Forrest Gump）電影開場的那支羽毛，象徵的是主角心中堅守的信念 ── 人生既是命運也是機遇，而我們則隨著這支搖曳空中的羽毛進入故事，直到我們知道它為何如此重要。

美國西部片名導演約翰‧福特的經典之作《日落狂沙》（The Searchers，又譯《搜索者》），開場和結尾的畫面皆以敞開的大門相互呼應。電影的開始是一扇門開了，家人熱情歡迎約翰‧韋恩所飾演的男主角伊森‧愛德華茲風塵僕僕的到來。而影片的結尾場，則是伊森經過漫長的搜尋後，帶著侄女歸來，親友將女孩迎進屋內，而伊森則被冷落地留在門口望著。似乎這個理應溫暖和平之地依舊無其容身之處，於是他離去，漸行漸遠，門關上。這樣的畫面時常不是出自編劇之手，或是寫在故事大綱、對白本中，而是來自於導演或團隊對於故事精神的詮釋。

第五節　結論 ── 置身在創意之中

本章以視覺化的影視寫作可遵循的準備工作為討論主旨，期望透過這篇文章的閱讀，能引導有意嘗試影視寫作的讀者，以生活觀察、累積、凡事好奇為出發，嘗試以「畫面」來進行劇本創作，將故事中插入生動形象的畫面。

有些電影是從抽象的概念層面來進行視覺畫面的構思與描繪，如 2011 年《黑天鵝》（The Black Swan），或是 2011 年的《生命之樹》（The Tree of Life），這些電影美而不同，生動而形象的畫面驅動我們去了解、使我們和角色感同身受。如果你在寫像這樣抽象、概念性高的故事，切記你是在寫電影，要試著以可具體實踐的文字描述進行，而不是在寫浮華的散文或是充滿瑰麗辭藻情節複雜的小說。

曾與歐洲數位大導演合作過的電影編劇與知名作家尚克勞德・卡黑那（Jean-Claude Carrière）將編劇與文學寫作做了明確區隔，他認為編劇寫的是要拍成電影的，如果以為自己是作家，將劇本當成文學寫，那就完了，絕對會失敗。

無論如何，讓自己多看多接觸前人的創作與影視作品，經典的或新潮的，不論是被大力推崇的或被評為一無是處的都需要，再從這些既有的定義、框架跨出去尋找自己的風格。同時，多和喜愛創意、從事創造的人們相處，你的建議尋求都會從他們口中得到有幫助的回饋。所以彼此交流，或是討論、分享點子，都可能帶給你激發創意的想法。最後，請謹記以上觀點，多寫，畢竟熟能生巧。

重點回顧

● 對從事寫作的人來說，寫作的第一任務就是模仿生活，而生活就是一個挖不盡的寶庫，也是一本最有效的工具書，指引我們尋找意義，激勵我們去臨摹它的偉大而創作。因此，日常生活的一切也可能是我們寫作靈感的來源。

● 累積寫作素材與靈感的第一件工作就是養成隨手筆記的習慣，筆記的內容可以是對於周圍世界的觀察，捕捉對周圍世界的反應，或試探索

未知的周圍世界。當然，觀摩與學習的心得、或是對人、事、物的反思回饋或獲得的啓發更值得記錄下來，寫作靈感隨時可能出現。

● 故事大綱爲影視劇本寫作的藍圖，可以是一個幻想或是眞實的事件或人物的經歷，將之轉化成一篇有開頭、有發展、有結尾的故事大綱。故事大綱需包括五個 W，一個 H（Who、What、When、Where、Why、How）：何人、何時、何事、何地、何故，以及怎麼樣，也就是説出故事的原委、人物的性格、時空的交代、情節的發展、衝突的高潮、懸疑的布置等，故事中其他重要事件，都應該展現出來。

● 故事大綱完成後在進入到劇本或對白脚本細節階段前，通常可依情節鋪陳的實際順序編排來進行「分場大綱」。分場大綱的目的是將所有故事大綱中描述性的東西都具體化，轉換實際可以拍攝的指引。分場大綱是利用場景和時間來進行分場。每當場景和時間有所改變時，就需要設定一個新的場次。大綱上註明場次、時間、內景或外景、場景地點，還有場次內的劇情內容，且透過分場大綱，我們可以很直接看到整部戲的骨肉。

● 影視寫作不是小説創作，影視寫作主要的目的是要拍成影片，包括人物、對白、場景描述，甚至宏觀的劇情發展結構等，皆必須以視覺化的撰寫策略進行。

習題

1. 從過去三日內你的經歷找出三項讓你印象深刻的人、事，或物，三者不必然有任何關聯，最好是風馬牛不相及的三項，接著嘗試以此三項爲基本情節要素，以適當的邏輯將這三項要素寫成一個 500 字內的故事大綱。

2. 請各用 100 字描述一位你的好朋友，以及一位可觀察的陌生人的外表

（小吃店的顧客？火車上坐在對面的乘客……）。

3. 請選三部影片，影片類型或長度不拘。請嘗試依本章所提及「衝突」的類型（人物之間的衝突、人與非人之間的衝突、人與自我的衝突），來檢視這三部影片中，故事情節的發展如何運用這幾類型的衝突設計。

4. 請試著就目的、形式、文字運用等面向，比較小說寫作與影視（劇本）寫作的差異。

參考文獻

布魯‧柏拉克著，廖澐蒼譯（2016）。用視覺元素說故事：創造電影、電視與數位媒材的視覺結構。臺北市：五南。

Syd Field 著，曾西霸譯（2008）。實用電影編劇技巧（2 版）。臺北市：遠流。

理查‧席克爾著，黃汝娪譯（2017）。說故事的人：史蒂芬‧史匹柏。臺北市：新雨。

提姆‧葛爾森著，黃政淵譯（2014）。編劇之路：世界級金獎編劇告訴你好劇本是怎麼煉成的。臺北市：漫遊者文化。

施百俊（2016）。故事與劇本寫作：文創、電影、電視、動漫、遊戲（2版）。臺北市：五南。

簡政珍（2006）。電影閱讀美學（3 版）。臺北市：書林。

潘裕豐（2006）。為何及如何進行創造思考教學。生活科技教育月刊，39(2)，38-55。

Weiner, R. (2000). Creativity and beyond: Cultures, values, and change. Albany, NY: State University of New York Press.

作者簡介

朱旭中

美國阿拉巴馬州立大學傳播學博士、電訊與電影碩士；現任國立屏東大學文化創意產業學系助理教授。曾任新竹玄奘大學大眾傳播學系與影劇藝術學系主任。教學重點關注影視創作應用於各類型文創產業；除開設影音相關課程與增能工作坊，並多次指導帶領學生創作參與競賽，期望促成影音創作應用與文創產業實務的完美結合。

習題參考解答

第一章

1. 「創」的中文意涵：用利刃砍斫、刀斧劈開有正反兩面之意義：破與立。「破」的部分是破壞性（創傷），而「立」的部分則是開創；此外，也有製造的意思：砍鑿樹料，建造房屋，這是「製造」。就「開創」與「製造」而言，和西方的「create」（中世紀）、「make」（希臘）可以相符應；而創傷的部分，則為中文「創」字特有的涵義，象徵刀具產生的負面結果。如果再加上前文所說的「懲」，則是把「刀」作為教育或執法的工具。總結來說，中文「創」字，獨立來看，具有英文的「create」和「make」的意思，另外還有「創傷」、「懲戒」的意思；如果與「造」連合為「創造」一詞，則相應於英文的「eastablish」之意。

2. 西方「創造性」的第一種意涵（神＝創造者，指的是「神的創造」），和人類無關；藝術活動是人類的活動，因此也和神的創造無關。二種意涵的「創造性」（藝術家＝創造者），指的是「藝術的創造」；這個看法可以延伸為：從一方面來說，每一種創造皆是藝術，從另一方面來說，每一種藝術皆是創造。第三種意涵的「創造性」（人類＝創造者），是最廣義的創造，人人都可以是創造者。我們可以理解為：有些創造是藝術（或有些創造者是藝術家），而全部的藝術都是創造（全部的藝術家都是創造者）。也就是說：如果全部的人類都是創造者，那藝術家是人類的一部分，自然也是創造者。

3. 就靜態的結構來說，每個具有創意的事物，具有哪些環節是可以有新意具有獨特的呢？當我們說一件事物或活動具有「創意」，我們必然意味著這事物或活動在如下四個方面具有新奇性和獨特性：(1)形式（form）；(2)質料（materia）；(3)技術（technique）；(4)功能（function）。

4. 從整個動態的歷程來看，創意在本質上必然包含三個階段：模仿、突破、創造（自創一格）。「狹義的創造」就只有在第三個階段：自「創」一格，而廣義的創造，則是在「模仿—突破—自創一格」這整個過程；「創造」，作為全體的過程，乃是不斷的模仿，然後不按理出牌、突破框架，之後脫離窠

臼、自創一格。

5.　創意作為一種新奇的連結，有趣的例子就是臺灣的珍珠奶茶：以「新奇」的方式來「連結」兩種不同的質料：粉圓和奶茶。當然，奶茶本身在更早之前（不論是在印度或西藏），也是一種新奇的連結，因為它連結兩種質料。此外，新奇的連結之所以「新奇」，是因為透過不同的方式來看事情，視野不同了，看到了不同的景色，因而也看到了其他人「意想不到的」連結。

6.　學習和培養創意，不僅僅是要讓自己更有創意或創造力而已，還要學習更專業地、公正地欣賞和評價別人的創意，這點對所有要學習創意的人，是不可不知的。

第二章

1.　邏輯與創意的對立關係不是絕對的：另一面說，它們兩者是可以「貫通」的，把邏輯推到極端，學澈底，也會通向創意；從一方面說，它們的關係比較像是一體兩面；就像硬幣的兩面，透過「翻轉」，就會呈現另一面。

2.　六頂思考帽共有六種顏色：白色、綠色、黃色、黑色、紅色、和藍色。白帽代表客觀中性，提供客觀事實與數據，而紅帽則代表著感受與情緒，表達主觀的情感；黑帽表現的是負面的邏輯思考，用理性的方式看事情的缺失、不足以及可能的風險，黃帽則是正面的邏輯思考，用理性的方式提供建設性的想法，以及可能的希望；綠帽要表現自由奔放的創意，可以大膽提出任何新點子，而藍帽則是要嚴格控制、遵守規則。

3.　從邏輯到創意，並不一定要透過「翻轉」而來，可以直接從邏輯「貫通」到創意：把一個專業學澈底了，成為達人，所謂「行行出狀元」，在這個時候，專業也能具有創意。這就是所謂的「十年理論」，根據這理論：任何領域只要學通了，獨創一格，就會有創意。所以把邏輯領域學澈底、精熟了、貫通了，也會通向創意。由於各個學科是「各種專業的邏輯」，因此，只要把各個領域的邏輯貫通了，就可成為領域達人，見人所未見（看到前所未有

的風景），自然會有創意。

4.　(1)網路笑話「託光光」的笑點完全是因為同音字：「託光光」和「脫光光」，在邏輯上是同音字謬誤，在笑話上則是同音字創意。(2)某戶人家在圍牆上貼了一張告示「不要帶狗在此小便」，由於是直式的寫法，且分成兩行。從右邊開始讀，第一行寫「不要帶狗」，第二行「在此小便」，可以讀成「不要帶狗在此小便」；但是如果從左邊開始讀，也可以讀成「在此小便不要帶狗」，這就是利用文章不清的謬誤翻轉而來的創意。

5.　如果邏輯和創意只是並列，這時兩者不是融合，而是「混合」，像牛肉麵一樣，有麵有肉；如果邏輯和創意是互相滲透和交相融會在一起，成為有創意的邏輯思考和合邏輯的創意思考，這時是像廣東粥一樣，米融在高湯中，完全不著痕跡。

第三章

1.　女老師和護理師都「意外」發現小男孩畫的黑圖之間有「意想不到的連結」，要站在「更高的立場」（體育館二樓）才看得到男孩畫作的全貌（鯨魚）；對眾人來說，那是「意想不到的連結」，而對男孩（創造者）來說，他賦與的是每一張黑圖之間都「必然的連結」，每張圖在整體中都有一定的位置，如果老師和其他擺錯了，就無法完整的拼出「鯨魚圖」。

2.　凡內芮給李恕權的建議是：如果你五年後要做某件事，你就要先想像（visualize，視覺化）你四年後要做什麼？三年後要做什麼？二年後要做什麼？一年後要做什麼？下個月要做什麼？這和海德格的思想方式有異曲同工之妙：反向思考、換個方向看事情（從終點向起點處看），印證我們的創意心法第二式。

3.　黑格爾在「主奴辯證」這個案例所展現的創意心法和上述「有一無」的連結一樣，在於先打破固有連結：「奴＝奴」，「主＝主」，「主≠奴」；再連立新的連結：「主＝奴」，「奴＝主」；建立了主人和奴隸之間意想不到又

必然的連結。

4. 「某人的妻子和母親，同時中了情花之毒，只有一顆解藥，為什麼同時救活了妻子和母親？」這個問題的答案是伊底帕斯，其創意在於：碰觸了禁忌，又化解了它：伊底帕斯的妻子同時就是他的母親！這個問題原本觸及一個禁忌（死亡）：只有一顆藥，卻要救兩個人，無論如何都會有人死亡。但答案卻是有創意的：它化解了禁忌——沒有人死亡！卻又引出另一個新的禁忌：亂倫。不過，由於這禁忌已是過去的事了（或者說出自於古代的戲劇作品），不會再造成傷害，也算是某種程度的化解。

5. 我們可以用「異花授粉」來比喻這種跨領域對話的狀況，在《學創意現在就該懂的事》，作者婷娜‧希莉格（Tina Seelig）提到：賈伯斯認為提升創造力的關鍵就在於「接觸到人類最偉大的創作，然後把這些傑作用在你正在作的事情上。」他又說，麥金塔電腦之所以這麼出色，是因為設計團隊是一群「音樂家、詩人、藝術家、動物學家和歷史學家，而他們碰巧也是全世界最棒的電腦科學家。」她還提到：創新的公司都知道異花授粉對創造力的重要，因此會網羅身懷絕技的人才，因為他們知道多元思考對產品開發會帶來好處。以上就是對跨領域對話的「異花授粉」效果最好的說明。

第四章

1. 有位顧問跳脫框架，建議在電梯內安裝鏡子。電梯搭乘者因為專心照鏡子而忽略了時間，之後再也沒人抱怨。

2. 在隔天醒來時，想到了什麼就寫下來，等待時間來發酵，或許就在早餐喝咖啡的時候，答案就已經呼之欲出了。

3. 英文打字機可以被設計為兒童玩具、一種訓練手眼協調的工具、心靈療癒的產品。

4. 在入口窗口點餐時順便用手機扣款方式付費，再到出口窗口取餐即可，將三個程序簡化為兩個。

5. (1)透過大數據資料掌握各路段的時速、交通壅塞地點、人潮及車流走向，做最快捷的路線規劃。

(2)發展無人載具運送貨品，從空中送或避開陸地之交通瓶頸。

第五章

（開放式問題，無參考解答）

第六章

1. 建議可以採用開放空間會議的程序，因為開放空間會議的優點在於找出大家共同關心的議題，以及這些議題優先處理的程序，藉此凝聚組織中對於這個議題的共識。

2. 建議可以採用策略地圖，因為策略地圖的優點在於利用量化的關鍵績效指標，去建構成達成目標的因果關係地圖，亦能夠提供達成各項指標時，應該投入的經費與完成的時間，可有效地提供決策者對於未來績效的控管能力。

3. 世界咖啡館的桌長角色，在於能夠控制每個人都有發言的權利與相同的時間，並迅速在不斷換桌的過程中，快速的歸納與思考不同的看法與意見。然而桌長並不強調要引發成員間的互相討論。至於開放空間會議的引導師，要具備能讓參與者快速融入思考的引導技巧，且要引起成員間的注意力與對話的機會，因此掌握住發言的互動氣氛很重要。

第七章

1. 漫畫家 Hugh MacLeod 曾經畫兩張圖來區別知識與經驗的不同，知識就像是一個個獨立的點狀陳列，而經驗則是知道要如何連結這些知識。片面的知識是無法發揮效用的，連結後的知識才能產生力量。創意工作者必須連結那些數不盡的點，再從既有的知識中交互出新的想法，嘗試各種的結合，產生豐富龐大的創意。

2.　在 15 世紀義大利佛羅倫斯（Florence），梅迪奇（Medici）家族長期資助許多不同領域的創作家，包括雕刻家、科學家、詩人、哲學家、金融家、畫家和建築家等，在這個城市彼此交流、學習，打破不同領域與文化的界線，創造了很多新事物與新觀念，我們稱之為文藝復興。建築師邁克·皮爾斯（Mick Pearce）建造辛巴威東門中心（Zimbabwz Eastgate Center）時，透過仿造白蟻丘的自然生態，使購物中心內空氣保持新鮮，並將溫度穩定在 30℃上下，是一項成功的跨界應用。

3.　在臺中有一棟殘破不堪而閒置多年的破舊老屋——「宮原眼科」。臺中日出集團在 2010 年買下這棟百年的古蹟，重新整建裝修，改造為巴洛克式風格的古典建物，並保留「宮原眼科」招牌，成功將老屋命運重塑，改為販售糕點、飲料、甜品等精緻商業空間，開放至今成為觀光景點，始終擠滿人潮，更有許多日本觀光客慕名前來，舊事物也能創造新價值。

4.　愛因斯坦曾說：「創意的祕密在於知道如何隱藏你的參考來源。」其實很多創意都來自於別人的想法。而畫家畢卡索則說：「Good artists copy, great artists steal」，剛開始發展創意時用臨摹來練習，這叫做「copy」，而「steal」則是用各種不同的角度，去發掘創新的可能性。

5.　引進外來的流行文化，要看與本地文化的相容程度而定。例如日本的「立食文化」，就是站著吃麵或是鐵板燒，引進臺灣後沒能引起流行旋風，因為臺灣人不習慣站著吃飯。而在日本青森縣稻田作畫藝術（tanbo art），2015 年屏東模仿這種藝術風格，種植 LINE FRIENDS 圖案，呈現卡通明星 3D 稻田彩繪，造成大家爭先目睹。

第八章

1.　臺灣文創園區過去比較強調滿足民眾消費面的需求，這些多半偏向藝術性與產業關聯性較低的民生消費，園區內部與外部之間沒有互動，不易對周圍的環境創造出產業關聯，無法幫助在地經濟的發展。

2.　藝術群聚會讓原本較缺乏藝術氣息的地方，有機會變成受歡迎的地點，因為藝術家會創造與改變他們周圍的環境，所以可以改善環境的美感，創造具有藝術氛圍的環境，吸引喜歡藝術的人前來參觀。然而過度的觀光人潮可能影響在地的居民，或者是產生垃圾與噪音等影響，因此不應該把藝術群聚的地點過度商業化，會使得藝術家因為以上種種原因被迫離開。

3.　創意階級是以自己的創意作為換取報酬為工作的一群人，例如科學家、工程師、大學教授、詩人、小說家、藝術家、演員、設計師、建築師等，能創造性的解決問題、運用廣博的知識來處理具體的問題、不斷的進行獨立思考以及能夠運用新的知識、技術與工具等。

第九章

（開放式問題，無參考解答）

國家圖書館出版品預行編目資料

創意思考與文創應用／賀瑞麟等著；施百俊主
編. ──初版.──臺北市：五南，2018.04
　　面；　公分
　ISBN 978-957-11-9654-1（平裝）
　1.高等教育　2.創造思考教學　3.文化產業
　4.文集
525.307　　　　　　　　　　107004205

1ZFH

創意思考與文創應用

主　　編 ─ 施百俊（159.6）

作　　者 ─ 賀瑞麟、葉晉嘉、蔡玲瓏、朱旭中、張重金

發 行 人 ─ 楊榮川

總 經 理 ─ 楊士清

副總編輯 ─ 陳念祖

責任編輯 ─ 李敏華

封面設計 ─ 姚孝慈

出 版 者 ─ 五南圖書出版股份有限公司

地　　址：106台北市大安區和平東路二段339號4樓

電　　話：(02)2705-5066　　傳　真：(02)2706-6100

網　　址：http://www.wunan.com.tw

電子郵件：wunan@wunan.com.tw

劃撥帳號：01068953

戶　　名：五南圖書出版股份有限公司

法律顧問　林勝安律師事務所　林勝安律師

出版日期　2018年 4 月初版一刷

定　　價　新臺幣330元